Hamburgische Bauordnung

(HBauO)

Textausgabe für Studium und Beruf

2. Auflage 2015

Impressum

© MGJV-Verlag, Hans-Much-Weg 14, 20249 Hamburg, Telefon: 040/ 32030589; Bitte wenden Sie sich mit Ihren Anliegen auch auf elektronischem Wege an uns: MGJV.Verlag@gmail.com

Inhaltliche Verantwortung und Aktualität: Redaktion MGJV

Satz, Druck und Bindung: Externe Dienstleister; alle Rechte MGJV-Verlag

Umschlaggestaltung: Gustav Broedecker. Alle Rechte MGJV-Verlag

Wir sind bemüht, ein ansprechendes Produkt zu gestalten, dass angemessenen Ansprüchen an das Preis/Leistungsverhältnis und vernünftigen Qualitätserwartungen gerecht wird. Konstruktive Anregungen nutzen wir gerne, um künftige Auflagen zu ergänzen und anzupassen.

- - - - -

Über eine Bewertung bei Amazon oder anderen Distributoren freut sich die Redaktion.Mit Kritik und Verbesserungsvorschlägen für künftige Ausgaben wenden Sie sich auch gerne an MGJV.Verlag@gmail.com

Vielen Dank, Ihre Redaktion MGJV

Inhaltsverzeichnis

ERSTER TEIL..7
   § 1..7
   Anwendungsbereich..7
   § 2..8
   Begriffe..8
   § 3..11
   Allgemeine Anforderungen..11
ZWEITER TEIL..12
   § 4..12
   Erschließung der Grundstücke..12
   § 5..13
   Zugänge und Zufahrten auf den Grundstücken..13
   § 6..13
   Abstandsflächen..13
   § 7..15
   Gebäude auf mehreren Grundstücken;
   Anbau an Nachbargrenzen..15
   § 8..15
   Teilung von Grundstücken..15
   § 9..15
   Nicht überbaute Flächen, Vorgärten..15
   § 10..16
   Kinderspielflächen..16
   § 11..16
   Einfriedigungen..16
DRITTER TEIL..16
   Erster Abschnitt..16
      § 12..16
      Gestaltung..16
      § 13..16
      Werbeanlagen..16
   Zweiter Abschnitt..18
      § 14..18
      Baustellen..18
      § 15..18
      Standsicherheit..18
      § 16..18
      Schutz gegen schädliche Einflüsse..18
      § 17..19
      Brandschutz..19
      § 18..19
      Wärmeschutz, Schallschutz und Erschütterungsschutz........................19
      § 19..19
      Verkehrssicherheit..19
   Dritter Abschnitt..19

§ 20...19
Bauprodukte..19
§ 20 a..21
Allgemeine bauaufsichtliche Zulassung...21
§ 20 b..22
Allgemeines bauaufsichtliches Prüfzeugnis..22
§ 20 c..22
Nachweis der Verwendbarkeit von Bauprodukten
im Einzelfall...22
§ 21...23
Bauarten..23
§ 22...23
Übereinstimmungsnachweis...23
§ 22 a..24
Übereinstimmungserklärung der Herstellerin
oder des Herstellers..24
§ 22 b..24
Übereinstimmungszertifikat..24
§ 23...25
Prüf-, Zertifizierungs-, Überwachungsstellen...25
Vierter Abschnitt..26
§ 24...26
Allgemeine Anforderungen an das Brandverhalten
von Baustoffen und Bauteilen...26
§ 25...27
Tragende Wände, Stützen...27
§ 26...28
Außenwände..28
§ 27...28
Trennwände...28
§ 28...29
Brandwände...29
§ 29...31
Decken...31
§ 30...32
Dächer...32
Fünfter Abschnitt...34
§ 31...34
Erster und zweiter Rettungsweg...34
§ 32...34
Treppen..34
§ 33...35
Notwendige Treppenräume, Ausgänge..35
§ 34...37
Notwendige Flure, offene Gänge..37
§ 35...38
Fenster, Türen, sonstige Öffnungen...38
§ 36...39
Umwehrungen und Brüstungen...39
Sechster Abschnitt..40

3

§ 37...40

Aufzüge...40

§ 38...41

Sicherheitstechnisch bedeutsame und
überwachungsbedürftige Anlagen...41

§ 39...41

Leitungsanlagen, Installationsschächte und -kanäle........................41

§ 40...41

Lüftungsanlagen...41

§ 41...42

Feuerungsanlagen, sonstige Anlagen zur Wärmeerzeugung,
Brennstoffversorgung...42

§ 42...43

Anlagen zum Sammeln und Beseitigen von Abwasser.......................43

§ 43...43

Anlagen für Abfälle..43

§ 43 a..43

Elektrische Anlagen und Blitzschutzanlagen......................................43

Siebter Abschnitt..44

§ 44...44

Aufenthaltsräume...44

§ 45...44

Wohnungen..44

§ 46...45

§ 47...45

§ 48...45

Stellplätze für Kraftfahrzeuge und Fahrradplätze.............................45

§ 49...46

Ausgleichsabgabe für Stellplätze und Fahrradplätze........................46

§ 50...47

§ 51...47

Sonderbauten...47

§ 52...47

Barrierefreies Bauen..47

VIERTER TEIL..48

§ 53...49

Grundpflichten der am Bau Beteiligten...49

§ 54...49

Bauherrin oder Bauherr..49

§ 55...49

Entwurfsverfasserin oder Entwurfsverfasser.......................................49

§ 56...50

Unternehmerin oder Unternehmer...50

§ 57...50

Bauleiterin oder Bauleiter..50

FÜNFTER TEIL..50

Erster Abschnitt..50

§ 58...51

Aufgaben und Befugnisse der Bauaufsichtsbehörden,
Erfordernis der Schriftform..51

Zweiter Abschnitt..51
   § 59...51
   Verfahrensgrundsätze...51
   § 60...51
   Verfahrensfreie Vorhaben...51
   § 61...52
   Vereinfachtes Genehmigungsverfahren......................52
   § 62...53
   Baugenehmigungsverfahren mit Konzentrationswirkung........53
   § 63...54
   Vorbescheid...54
   § 64...54
   Zustimmungsverfahren..54
   § 65...55
   Typengenehmigung..55
   § 66...56
   Genehmigung Fliegender Bauten.................................56
   § 67...57
   Bauvorlageberechtigung..57
   § 68...58
   Bautechnische Nachweise und ihre Prüfung...............58
   § 69...59
   Abweichungen...59
   § 70...59
   Bauantrag, Bauvorlagen; Beteiligung anderer Stellen....59
   § 71...60
   Nachbarliche Belange..60
   § 72...61
   Baugenehmigung...61
   § 72 a..61
   Baubeginn..61
   § 73...62
   Geltungsdauer der Baugenehmigung und des Vorbescheids....62
Dritter Abschnitt...62
   § 74...62
   Inanspruchnahme von Nachbargrundstücken...............62
   § 74 a..63
   Verbot unrechtmäßig gekennzeichneter Bauprodukte....63
   § 75...63
   Einstellung von Arbeiten...63
   § 76...64
   Herstellung ordnungsgemäßer Zustände.....................64
   § 77...64
   Bauzustandsanzeigen, Aufnahme der Nutzung............64
   § 78...65
   Bauüberwachung...65
   § 79...65
   Baulasten, Baulastenverzeichnis.................................65
SECHSTER TEIL..66
   § 80...66

Ordnungswidrigkeiten..66
§ 81..68
Rechtsverordnungen..68
§ 82..71
Aufhebung und Änderung von Vorschriften..71
§ 83..71
Inkrafttreten; Übergangsbestimmungen;
Fortgeltung von Vorschriften..71
ANLAGE 1..72
ANLAGE 2..72
    I...73
    II..80
    III...80
    IV...80

Hamburgische Bauordnung
(HBauO)
Vom 14. Dezember 2005

Fundstelle: HmbGVBl. 2005, S. 525. etzte berücksichtigte Änderung: §§ 48, 49
geändert durch Gesetz vom 28. Januar 2014 (HmbGVBl. S. 33)

Der Senat verkündet das nachstehende von der Bürgerschaft beschlossene
Gesetz:

ERSTER TEIL

Allgemeine Vorschriften

§ 1
Anwendungsbereich
(1) Dieses Gesetz gilt für bauliche Anlagen und Bauprodukte. Es gilt auch für
Grundstücke sowie für andere Anlagen und Einrichtungen, an die in diesem Gesetz
oder in Vorschriften, die auf Grund dieses Gesetzes erlassen wurden,
Anforderungen gestellt werden.
(2) Dieses Gesetz gilt nicht für
1.
   Anlagen des öffentlichen Verkehrs einschließlich Zubehör, Nebenanlagen und
   Nebenbetrieben, ausgenommen Gebäude,
2.
   Anlagen, die der Bergaufsicht unterliegen, ausgenommen Gebäude,
3.
   Leitungen und nach anderen Rechtsvorschriften zulassungsbedürftige
   Anlagen, die der öffentlichen Versorgung mit Wasser, Gas, Elektrizität, Wärme,
   der öffentlichen Abwasserentsorgung oder der Telekommunikation dienen,
   ausgenommen Gebäude,
4.
   Rohrleitungen, die dem Ferntransport von Stoffen dienen,
5.
   Kräne und ähnliche Anlagen, mit Ausnahme ihrer ortsfesten Bahnen und
   Unterstützungen,
6.
   öffentliche Hochwasserschutzanlagen nach §§ 3 a und 4 a des
   Hamburgischen Wassergesetzes in der Fassung vom 29. März 2005
   (HmbGVBl. S. 97), ausgenommen Gebäude,
7.
   nach wasserrechtlichen Vorschriften zulassungsbedürftige Kaianlagen, Dalben
   und Vorsetzen sowie Schiffe und andere schwimmende Anlagen, die ortsfest

benutzt werden, einschließlich ihrer Aufbauten.

§ 2
Begriffe

(1) Bauliche Anlagen sind mit dem Erdboden verbundene, aus Bauprodukten hergestellte Anlagen; eine Verbindung mit dem Boden besteht auch dann, wenn die Anlage

1.
   durch eigene Schwere auf dem Boden ruht oder
2.
   auf ortsfesten Bahnen begrenzt beweglich ist oder
3.
   nach ihrem Verwendungszweck dazu bestimmt ist, überwiegend ortsfest benutzt zu werden.

Bauliche Anlagen sind auch

1.
   Aufschüttungen und Abgrabungen,
2.
   Lagerplätze, Abstellplätze und Ausstellungsplätze,
3.
   Sport-, Spiel- und Freizeitflächen,
4.
   Campingplätze, Wochenendplätze und Zeltplätze,
5.
   Freizeit- und Vergnügungsparks,
6.
   Stellplätze für Kraftfahrzeuge sowie für Camping-, Verkaufs- und Wohnwagen,
7.
   Standplätze für Abfallbehälter,
8.
   Gerüste,
9.
   Hilfseinrichtungen zur statischen Sicherung von Bauzuständen.

Anlagen sind bauliche Anlagen und sonstige Anlagen und Einrichtungen im Sinne des § 1 Absatz 1 Satz 2.

(2) Gebäude sind selbstständig benutzbare, überdeckte bauliche Anlagen, die von Menschen betreten werden können und geeignet oder bestimmt sind, dem Schutz von Menschen, Tieren oder Sachen zu dienen.

(3) Gebäude werden in folgende Gebäudeklassen eingeteilt:

1.
   Gebäudeklasse 1:

   a)
      freistehende Gebäude mit einer Höhe bis zu 7,0 m und nicht mehr als zwei Nutzungseinheiten von insgesamt nicht mehr als 400 m2 ,

   b)

8

freistehende land- oder forstwirtschaftlich genutzte Gebäude,

2.

Gebäudeklasse 2:
Gebäude mit einer Höhe bis zu 7,0 m und nicht mehr als zwei Nutzungseinheiten von insgesamt nicht mehr als 400 m2 ,

3.

Gebäudeklasse 3:
sonstige Gebäude mit einer Höhe bis zu 7,0 m,

4.

Gebäudeklasse 4:
Gebäude mit einer Höhe bis zu 13,0 m und Nutzungseinheiten mit jeweils nicht mehr als 400 m2 ,

5.

Gebäudeklasse 5:
sonstige Gebäude einschließlich unterirdischer Gebäude.
Höhe im Sinne des Satzes 1 ist das Maß der Fußbodenoberkante des höchstgelegenen Geschosses, in dem ein Aufenthaltsraum zulässig ist, über der Geländeoberfläche im Mittel. Geländeoberfläche ist die Höhe, die im Bebauungsplan festgesetzt ist oder die von der Bauaufsichtsbehörde bestimmt wird. Ist die Geländeoberfläche nicht festgesetzt oder bestimmt worden, ist die natürliche Geländeoberfläche maßgeblich. Als Nutzungseinheit gilt jede Wohnung sowie alle anderen für eine selbstständige Nutzung bestimmten Räume. Die Grundflächen der Nutzungseinheiten im Sinne dieses Gesetzes sind die Bruttogrundflächen; bei der Berechnung der Bruttogrundflächen nach Satz 1 bleiben Flächen in Kellergeschossen außer Betracht.
(4) Sonderbauten sind Anlagen und Räume besonderer Art oder Nutzung, die einen der nachfolgenden Tatbestände erfüllen:

1.

Hochhäuser (Gebäude mit einer Höhe nach Absatz 3 Satz 2 von mehr als 22 m),

2.

bauliche Anlagen mit einer Höhe von mehr als 30 m,

3.

Gebäude mit mehr als 1600 m2 Grundfläche des Geschosses mit der größten Ausdehnung, ausgenommen Wohngebäude,

4.

Verkaufsstätten, deren Verkaufsräume und Ladenstraßen eine Grundfläche von insgesamt mehr als 800 m2 haben,

5.

Gebäude mit Räumen, die einer Büro- oder Verwaltungsnutzung dienen und einzeln eine Grundfläche von mehr als 400 m2 haben,

6.

Gebäude mit Räumen, die einzeln für die Nutzung durch mehr als 100 Personen bestimmt sind,

7.

Versammlungsstätten

a)

mit Versammlungsräumen, die insgesamt mehr als 200 Besucher fassen, wenn diese Versammlungsräume gemeinsame Rettungswege haben,

b)

im Freien mit Szenenflächen und Freisportanlagen, deren Besucherbereich jeweils mehr als 1000 Besucher fasst und ganz oder teilweise aus baulichen Anlagen besteht,

8.

Schank- und Speisegaststätten mit mehr als 40 Gastplätzen, Beherbergungsstätten mit mehr als zwölf Betten und Spielhallen mit mehr als 150 m2 Grundfläche,

9.

Krankenhäuser, Heime und sonstige Einrichtungen zur Unterbringung oder Pflege von Personen,

9a.

Wohngebäude für behinderte und alte Menschen,

10.

Tageseinrichtungen für Kinder, behinderte und alte Menschen,

11.

Schulen, Hochschulen und ähnliche Einrichtungen,

12.

Justizvollzugsanstalten und bauliche Anlagen für den Maßregelvollzug,

13.

Camping- und Wochenendplätze,

14.

Freizeit- und Vergnügungsparks,

15.

Fliegende Bauten, soweit sie einer Ausführungsgenehmigung bedürfen,

16.

Regallager mit einer Oberkante Lagerguthöhe von mehr als 7,5 m,

17.

bauliche Anlagen, deren Nutzung durch Umgang oder Lagerung von Stoffen mit Explosions- oder erhöhter Brandgefahr verbunden ist,

18.

Anlagen und Räume, die in den Nummern 1 bis 17 nicht aufgeführt und deren Art oder Nutzung mit vergleichbaren Gefahren verbunden ist.

(5) Aufenthaltsräume sind Räume, die zum nicht nur vorübergehenden Aufenthalt von Menschen bestimmt oder geeignet sind.

(6) Geschosse sind oberirdische Geschosse, wenn ihre Deckenoberkanten im Mittel mehr als 1,40 m über die Geländeoberfläche hinausragen; im Übrigen sind sie Kellergeschosse. Vollgeschosse sind Geschosse, deren Deckenoberkante im Mittel mehr als 1,40 m über die Geländeoberfläche hinausragt und die eine lichte Höhe von mindestens 2,3 m haben. Das oberste Geschoss und Geschosse im Dachraum sind Vollgeschosse, wenn sie diese Höhe über mindestens zwei Drittel der Geschossfläche des darunter liegenden Geschosses haben.

(7) Garagen sind Gebäude oder Gebäudeteile zum Abstellen von Kraftfahrzeugen.

Carports (überdachte Stellplätze) gelten als Garagen.

(8) Feuerstätten sind in oder an Gebäuden ortsfest benutzte Anlagen oder Einrichtungen, die dazu bestimmt sind, durch Verbrennung Wärme zu erzeugen.

(9) Rettungswege sind Flächen auf Grundstücken sowie Flächen und Öffnungen in baulichen Anlagen, die dem sicheren Verlassen von Grundstücken und baulichen Anlagen, der Rettung von Menschen und den Löscharbeiten dienen.

(10) Bauprodukte sind

1.
   Baustoffe, Bauteile und Anlagen, die hergestellt werden, um dauerhaft in bauliche Anlagen eingebaut zu werden,

2.
   aus Baustoffen und Bauteilen vorgefertigte Anlagen, die hergestellt werden, um mit dem Erdboden verbunden zu werden wie Fertighäuser, Fertiggaragen und Silos.

(11) Bauart ist das Zusammenfügen von Bauprodukten zu baulichen Anlagen oder Teilen von baulichen Anlagen.

§ 3
Allgemeine Anforderungen

(1) Anlagen sind so anzuordnen, zu errichten, zu ändern und instand zu halten, dass die öffentliche Sicherheit und Ordnung, insbesondere Leben, Gesundheit und die natürlichen Lebensgrundlagen nicht gefährdet werden und keine unzumutbaren Belästigungen entstehen können. Sie müssen ihrem Zweck entsprechend ohne Missstände zu benutzen sein.

(2) Bauprodukte und Bauarten dürfen nur verwendet werden, wenn bei ihrer Verwendung die baulichen Anlagen bei ordnungsgemäßer Instandhaltung während einer dem Zweck entsprechenden angemessenen Zeitdauer die Anforderungen dieses Gesetzes oder auf Grund dieses Gesetzes erfüllen und gebrauchstauglich sind.

(3) Die von der Bauaufsichtsbehörde durch öffentliche Bekanntmachung als Technische Baubestimmungen eingeführten technischen Regeln sind zu beachten. Bei der Bekanntmachung kann hinsichtlich ihres Inhalts auf die Fundstelle verwiesen werden. Von den Technischen Baubestimmungen kann abgewichen werden, wenn mit einer anderen Lösung in gleichem Maße die allgemeinen Anforderungen des Absatzes 1 erfüllt werden; § 20 Absatz 3 und § 21 bleiben unberührt.

(4) Für die Beseitigung von Anlagen und für die Änderung ihrer Nutzung gelten die Absätze 1 und 3 entsprechend.

(5) Bauprodukte und Bauarten, die in Vorschriften anderer Vertragsstaaten des Abkommens über den europäischen Wirtschaftsraum genannten technischen Anforderungen entsprechen, dürfen verwendet oder angewendet werden, wenn das geforderte Schutzniveau in Bezug auf Sicherheit, Gesundheit und Gebrauchstauglichkeit gleichermaßen dauerhaft erreicht wird.

ZWEITER TEIL
Das Grundstück und seine Bebauung

§ 4
Erschließung der Grundstücke

(1) Ein Grundstück darf nur bebaut werden, wenn es in ausreichender Breite von einem befahrbaren und nicht anbaufrei zu haltenden öffentlichen Weg aus unmittelbar oder durch Baulast gesichert über ein anderes Grundstück zugänglich ist; ein gemeinsamer Zugang ist für höchstens vier Grundstücke oder für Grundstücke mit einer Hausgruppe bis zu 50 m Länge zulässig. Der öffentliche Weg und der Zugang zum Grundstück müssen so beschaffen sein, dass die Ver- und Entsorgung, der Einsatz von Rettungs- und Löschgeräten sowie der durch die jeweilige Grundstücksnutzung hervorgerufene Verkehr ohne Schwierigkeiten möglich ist. Für die Bebauung von Grundstücken mit Wohngebäuden der Gebäudeklassen 1 bis 3 genügt der unmittelbare Zugang von einem nicht befahrbaren öffentlichen Weg von höchstens 75 m Länge; dabei darf jedoch bei Gebäuden mit mehr als zwei Wohnungen der Gebäudeeingang nicht weiter als 85 m vom befahrbaren öffentlichen Weg entfernt sein. Die Anforderungen der Sätze 1 bis 3 sind erfüllt, wenn der Wegeausbau nach § 14 des Hamburgischen Wegegesetzes (HWG) in der Fassung vom 22. Januar 1974 (HmbGVBl. S. 41, 83), zuletzt geändert am 17. Dezember 2002 (HmbGVBl. S. 347, 352), in der jeweils geltenden Fassung gesichert ist.

(2) Jede Eigentümerin und jeder Eigentümer eines Gebäudes mit Aufenthaltsräumen ist verpflichtet, dieses an das öffentliche Wasserversorgungsnetz anzuschließen und die Wasserversorgungseinrichtungen zu benutzen. Auf Grundstücken, die nicht an das öffentliche Wasserversorgungsnetz angeschlossen werden können, ist die Herstellung von Brunnen zulässig, wenn die hygienischen Anforderungen eingehalten werden können.

(3) Bebaute Grundstücke sind

a)
    unmittelbar durch eine eigene oder

b)
    über ein anderes Grundstück, durch Baulast gesichert, durch eine eigene oder gemeinsame

unterirdische Leitung (Grundleitung) an die öffentlichen Abwasseranlagen anzuschließen. Eine gemeinsame Leitung ist für höchstens vier Grundstücke oder für Grundstücke mit einer Hausgruppe bis zu 50 m Länge zulässig. Ist ein Anschluss an die öffentlichen Abwasseranlagen nicht möglich, so ist eine Bebauung zulässig, wenn das Abwasser versickert oder in ein oberirdisches Gewässer eingeleitet werden darf. Auf Grundstücken, von denen das Schmutzwasser nur einer privaten Abwassersammelgrube zugeleitet werden kann, sind Wohngebäude mit insgesamt nicht mehr als zwei Nutzungseinheiten sowie andere Gebäude mit vergleichbarem Abwasseranfall zulässig.

§ 5
Zugänge und Zufahrten auf den Grundstücken

(1) Von öffentlichen Wegen ist für Rettungs- und Löscharbeiten ein Zu- oder Durchgang in ausreichender Breite und Höhe zu schaffen

1.
zur Vorderseite von Gebäuden,

2.
zur Rückseite von Gebäuden, wenn der zweite Rettungsweg aus diesen Gebäuden dort über Rettungsgeräte der Feuerwehr führt.

(2) Zu Gebäuden, bei denen die Oberkante der Brüstung von Fenstern oder Stellen, an die Rettungsgeräte der Feuerwehr angelegt werden sollen, mehr als 8,0 m über der Geländeoberfläche liegt, ist abweichend von Absatz 1 anstelle eines Zu- oder Durchgangs eine Zu- oder Durchfahrt zu schaffen.

(3) Ist für die Personenrettung der Einsatz von Hubrettungsfahrzeugen erforderlich, sind die für die Fahrzeuge erforderlichen Aufstell- und Bewegungsflächen vorzusehen.

(4) Bei Gebäuden, die ganz oder mit Teilen mehr als 50 m von einem öffentlichen Weg entfernt sind, sind Zufahrten oder Durchfahrten zu den vor und hinter den Gebäuden gelegenen Grundstücksteilen und Bewegungsflächen herzustellen, wenn sie aus Gründen des Feuerwehreinsatzes erforderlich sind.

(5) Zu- und Durchfahrten, Aufstellflächen und Bewegungsflächen für die Feuerwehrfahrzeuge sind als solche zu kennzeichnen und ständig freizuhalten. Die Kennzeichnung von Zufahrten muss von dem öffentlichen Weg aus sichtbar sein.

§ 6
Abstandsflächen

(1) Vor den Außenwänden von Gebäuden sind Flächen von oberirdischen Gebäuden freizuhalten (Abstandsflächen). Satz 1 gilt entsprechend für andere Anlagen, von denen Wirkungen wie von Gebäuden ausgehen, gegenüber Gebäuden und Grundstücksgrenzen. Eine Abstandsfläche ist nicht erforderlich vor Außenwänden, die an Grundstücksgrenzen errichtet werden, wenn nach planungsrechtlichen oder bauordnungsrechtlichen Vorschriften an die Grenze gebaut werden muss oder gebaut werden darf.

(2) Abstandsflächen müssen auf dem Grundstück liegen. Sie dürfen auch auf öffentlichen Verkehrs-, Grün- und Wasserflächen liegen, jedoch nur bis zu deren Mitte. Bei öffentlichen Grünflächen gilt dies nur sofern die Gebäude oder Anlagen innerhalb von Baulinien oder Baugrenzen errichtet werden. Abstandsflächen dürfen sich ganz oder teilweise auf andere Grundstücke erstrecken, wenn durch Baulast gesichert ist, dass sie nicht überbaut werden; Absatz 3 bleibt unberührt. Bei Wohngebäuden der Gebäudeklassen 1 bis 3 ist ein Flächenausgleich innerhalb einer unregelmäßig begrenzten Abstandsfläche zulässig.

(3) Die Abstandsflächen dürfen sich nicht überdecken; dies gilt nicht für

1.
Außenwände, die in einem Winkel von mehr als 75 Grad zueinander stehen,

2.
Außenwände zu einem fremder Sicht entzogenen Gartenhof bei

13

Wohngebäuden der Gebäudeklassen 1 und 2,

3.

Gebäude und andere Anlagen, die in den Abstandsflächen zulässig sind.
(4) Die Tiefe der Abstandsfläche bemisst sich nach der Wandhöhe; sie wird rechtwinklig zur Wand gemessen. Wandhöhe ist das Maß von der Geländeoberfläche bis zum Schnittpunkt der Wandaußenseite mit der Dachhaut oder bis zum oberen Abschluss der Wand. Die Höhe von Dächern mit einer Neigung von weniger als 70 Grad wird zu einem Drittel der Wandhöhe hinzugerechnet. Andernfalls wird die Höhe des Daches voll hinzugerechnet. Die Sätze 1 bis 4 gelten für Dachaufbauten entsprechend. Das sich ergebende Maß ist H.
(5) Die Tiefe der Abstandsflächen beträgt 0,4 H, mindestens 2,5 m. In Gewerbe- und Industriegebieten genügt eine Tiefe von 0,2 H, mindestens 2,5 m.
(6) Bei der Bemessung der Abstandsflächen bleiben außer Betracht

1.

vor die Außenwand vortretende untergeordnete Bauteile wie Gesimse und Dachüberstände,

2.

Vorbauten einschließlich Balkone, wenn sie

a)

insgesamt nicht mehr als ein Drittel der Breite der jeweiligen Außenwand in Anspruch nehmen,

b)

nicht mehr als 1,50 m vor die Außenwand vortreten und

c)

mindestens 2,50 m von der gegenüberliegenden Nachbargrenze entfernt bleiben,

3.

nachträgliche Wärmeschutzmaßnahmen an bestehenden Gebäuden mit höchstens 0,20 m Dicke, wenn ein Abstand von mindestens 2,3 m zur Nachbargrenze erhalten bleibt.
(7) In den Abstandsflächen eines Gebäudes sowie ohne eigene Abstandsflächen sind, auch wenn sie nicht an die Grundstücksgrenze oder an das Gebäude angebaut werden, zulässig

1.

eingeschossige Garagen und eingeschossige Gebäude ohne Aufenthaltsräume und Feuerstätten mit einer mittleren Wandhöhe bis zu 3,0 m und einer Gesamtlänge je Grundstücksgrenze von bis zu 9,0 m,

2.

gebäudeunabhängige Solaranlagen mit einer Höhe bis zu 3,0 m und einer Gesamtlänge je Grundstücksgrenze von bis zu 9,0 m,

3.

Stützmauern und Einfriedigungen in Gewerbe- und Industriegebieten, außerhalb dieser Baugebiete mit einer Höhe bis zu 2,0 m.
Die Länge der in Satz 1 Nummern 1 und 2 genannten Anlagen darf auf einem Grundstück insgesamt 15,0 m nicht überschreiten.

(8) Zwingende Festsetzungen eines Bebauungsplans, die andere Bemessungen der Abstandsfläche ergeben, haben Vorrang.

§ 7
Gebäude auf mehreren Grundstücken;
Anbau an Nachbargrenzen
(1) Die Errichtung eines Gebäudes auf mehreren Grundstücken ist zulässig, wenn durch Baulast gesichert ist, dass keine Verhältnisse eintreten können, die Vorschriften dieses Gesetzes oder auf Grund dieses Gesetzes erlassenen Vorschriften widersprechen.
(2) Darf nach planungsrechtlichen Vorschriften nicht an die Nachbargrenze gebaut werden, ist aber auf dem Nachbargrundstück ein Gebäude an der Grenze vorhanden, so kann zugelassen oder verlangt werden, dass angebaut wird. Darf oder muss nach planungsrechtlichen Vorschriften an die Nachbargrenze gebaut werden, ist aber auf dem Nachbargrundstück ein Gebäude mit Abstand zu dieser Grenze vorhanden, so kann zugelassen oder verlangt werden, dass ein Abstand eingehalten wird.

§ 8
Teilung von Grundstücken
(1) Durch die Teilung eines Grundstücks dürfen keine Verhältnisse geschaffen werden, die diesem Gesetz oder auf Grund dieses Gesetzes erlassenen Vorschriften widersprechen.
(2) Soll bei einer Teilung nach Absatz 1 von diesem Gesetz oder von auf Grund dieses Gesetzes erlassenen Vorschriften abgewichen werden, ist § 69 entsprechend anzuwenden.

§ 9
Nicht überbaute Flächen, Vorgärten
(1) Die nicht mit Gebäuden oder vergleichbaren baulichen Anlagen überbauten Flächen der bebauten Grundstücke sind
1.
    wasserdurchlässig zu belassen oder herzustellen und
2.
    durch Begrünung und Bepflanzung gärtnerisch zu gestalten,
soweit dem nicht die Erfordernisse einer anderen zulässigen Verwendung der Flächen entgegenstehen. Satz 1 findet keine Anwendung, soweit Bebauungspläne Festsetzungen zu den nicht überbauten Flächen treffen.
(2) Vorgärten (Flächen zwischen der Straßenlinie oder Straßengrenze und der vorderen Fluchtlinie des Gebäudes) in Kleinsiedlungs-, Wohn-, Misch- und Dorfgebieten sind gärtnerisch zu gestalten. Sofern die Gartengestaltung nicht erheblich beeinträchtigt wird und ein durch die Vorgärten geprägtes Straßenbild erhalten bleibt, sind Stellplätze für Kraftfahrzeuge, Fahrradplätze und Standplätze für Abfall- und Wertstoffsammelbehälter sowie besondere bauliche Anlagen für Menschen mit Behinderungen zulässig.

§ 10
Kinderspielflächen

(1) Bei Gebäuden mit mehr als drei Wohnungen ist auf dem Grundstück eine ausreichend große Spielfläche mit geeigneter Ausstattung für Kinder herzustellen. Die Kinderspielfläche muss eine Größe von mindestens 10 m2 je Wohneinheit, mindestens aber 100 m2, haben. Eine Unterschreitung dieser Größe ist zulässig, wenn sonst die zulässige Bebauung auf dem Grundstück nicht oder nur mit unzumutbarem Aufwand verwirklicht werden kann.

(2) Die Herstellung ist auch auf einem anderen geeigneten Grundstück in unmittelbarer Nähe, dessen dauerhafte Nutzung für diesen Zweck durch Baulast gesichert ist, zulässig.

§ 11
Einfriedigungen

Bauliche Einfriedigungen an der Grenze zu öffentlichen Wegen und Grünflächen sowie an der Grenze zu benachbarten Grundstücken in der Tiefe der Vorgärten sind bis zu einer Höhe von 1,50 m, vom eigenen Grund gemessen, zulässig. Sie müssen durchbrochen sein. Einfriedigungen von gewerblich genutzten Grundstücken dürfen dicht und bis zu 2,25 m hoch ausgeführt werden.

DRITTER TEIL
Bauliche Anlagen

Erster Abschnitt
Gestaltung

§ 12
Gestaltung

(1) Bauliche Anlagen müssen nach Form, Maßstab, Verhältnis der Baumassen und Bauteile zueinander, Werkstoff und Farbe so gestaltet sein, dass sie nicht verunstaltend wirken. Bauliche Anlagen dürfen das Straßen-, Orts- und Landschaftsbild nicht verunstalten.

(2) Bei baulichen Anlagen, die infolge ihres Umfangs, ihrer Höhe, ihrer Lage oder ihrer erhaltenswerten Gestaltungsmerkmale das Straßenbild, Ortsbild oder Landschaftsbild mitbestimmen, können besondere Anforderungen an die Gestaltung der Außenseiten und der Dächer gestellt werden.

§ 13
Werbeanlagen

(1) Anlagen der Außenwerbung (Werbeanlagen) sind alle ortsfesten Einrichtungen, die der Ankündigung oder Anpreisung oder als Hinweis auf Gewerbe oder Beruf dienen und vom öffentlichen Verkehrsraum aus sichtbar sind. Für Werbeanlagen, die keine baulichen Anlagen sind, gelten die Vorschriften über die Gestaltung

baulicher Anlagen sinngemäß.

(2) In Kleinsiedlungsgebieten, Wohngebieten und Dorfgebieten sind Werbeanlagen nur an Gebäuden an der Stätte der Leistung, bis zur unteren Dachkante des Gebäudes, zulässig; in reinen Wohngebieten nur bis zur Höhe des Erdgeschosses. In Misch-, Kern-, Gewerbe- und Sondergebieten sind Werbeanlagen oberhalb der unteren Dachkante nur zulässig, sofern sie keine von der öffentlichen Verkehrsfläche sichtbare Hilfskonstruktion erfordern. Außerhalb der im Zusammenhang bebauten Ortsteile sind Werbeanlagen nur an der Stätte der Leistung, einzelne Hinweiszeichen darauf sowie Sammelschilder als Hinweis auf ortsansässige gewerbliche Betriebe, die den Belangen der Verkehrsteilnehmerinnen und Verkehrsteilnehmer dienen, zulässig. In allen Baugebieten sind zeitlich begrenzte Hinweise auf besondere Veranstaltungen, Messen, Schaustellungen, Feiern und Sportveranstaltungen zulässig.

(3) Unzulässig sind:

1.
  Werbeanlagen, die die Sicherheit des Verkehrs gefährden,

2.
  Werbeanlagen in störender Häufung oder von störendem Umfang,

3.
  Werbeanlagen an Böschungen, Brücken, Ufern und Bäumen,

4.
  Werbeanlagen an öffentlichen Gebäuden repräsentativen oder städtebaulich hervorragenden Charakters in den Stadtteilen Hamburg-Altstadt, Neustadt und HafenCity, ausgenommen Hinweise auf dort befindliche Dienststellen, Unternehmen oder Veranstaltungen,

5.
  Werbeanlagen mit Wechsellicht außerhalb der vom Senat durch Rechtsverordnung bestimmten Gebiete,

6.
  Werbeanlagen in Vorgärten mit Ausnahme von Schildern, die Inhaberinnen und Inhaber und Art eines auf dem Grundstück vorhandenen Betriebes oder eines dort ausgeübten freien Berufes (Stätte der Leistung) kennzeichnen.

Satz 1 gilt nicht für zeitlich befristete Werbeanlagen nach Satz 1 Nummern 2 bis 4, die dem Wohl der Allgemeinheit dienen und insbesondere durch ihre Werbeaussagen kulturelle, karitative oder sportliche Zwecke fördern.

(4) Die Vorschriften dieses Gesetzes sind nicht anzuwenden auf

1.
  Anschläge an dafür genehmigten Säulen, Tafeln und Flächen,

2.
  Werbemittel an Zeitungs- und Zeitschriftenverkaufsstellen,

3.
  Auslagen und Dekorationen in Fenstern und Schaukästen,

4.
  Wahlwerbung für die Dauer eines Wahlkampfs.

17

Zweiter Abschnitt
Allgemeine Anforderungen an die Bauausführung

§ 14
Baustellen
(1) Baustellen sind so einzurichten und zu betreiben, dass bauliche Anlagen ordnungsgemäß errichtet, geändert oder beseitigt werden können und Gefahren nicht entstehen.
(2) Bei Bauarbeiten, durch die unbeteiligte Personen gefährdet werden können, ist die Gefahrenzone abzugrenzen oder durch Warnzeichen zu kennzeichnen. Soweit erforderlich, sind Baustellen mit einem Bauzaun abzugrenzen, mit Schutzvorrichtungen gegen herabfallende Gegenstände zu versehen und zu beleuchten.
(3) Bei der Ausführung nicht verfahrensfreier Bauvorhaben hat die Bauherrin oder der Bauherr an der Baustelle ein Schild, das die Bezeichnung des Bauvorhabens sowie die Namen und Anschriften der Bauleiterin oder des Bauleiters und der Unternehmerin oder des Unternehmers für die Hauptgewerke enthalten muss, dauerhaft und vom öffentlichen Weg aus sichtbar anzubringen.
(4) Bäume, Hecken und sonstige Bepflanzungen, die auf Grund anderer Rechtsvorschriften zu erhalten sind, müssen während der Bauausführung geschützt werden.

§ 15
Standsicherheit
(1) Jede bauliche Anlage muss im Ganzen und in ihren einzelnen Teilen für sich allein standsicher sein. Bauteile müssen auch im Brandfall ausreichend lange standsicher sein. Die Standsicherheit muss auch beim Errichten, Ändern und Beseitigen sichergestellt sein. Die Standsicherheit anderer baulicher Anlagen und die Tragfähigkeit des Baugrundes der Nachbargrundstücke dürfen nicht gefährdet werden.
(2) Die Verwendung gemeinsamer Bauteile für mehrere bauliche Anlagen ist zulässig. Für bauliche Anlagen auf mehreren Grundstücken gilt dies nur, wenn durch Baulast gesichert ist, dass die gemeinsamen Bauteile bei der Beseitigung einer der baulichen Anlagen bestehen bleiben können. Für verfahrensfreie Gebäude bedarf es nicht der Bestellung einer Baulast.

§ 16
Schutz gegen schädliche Einflüsse
Bauliche Anlagen müssen so angeordnet, beschaffen und gebrauchstauglich sein, dass durch Wasser, Feuchtigkeit, pflanzliche und tierische Schädlinge sowie andere chemische, physikalische oder biologische Einflüsse Gefahren oder unzumutbare Belästigungen nicht entstehen können. Baugrundstücke müssen für bauliche Anlagen entsprechend geeignet sein.

§ 17
Brandschutz
Bauliche Anlagen sind so anzuordnen, zu errichten, zu ändern und instand zu halten, dass der Entstehung eines Brandes und der Ausbreitung von Feuer und Rauch (Brandausbreitung) vorgebeugt wird und bei einem Brand die Rettung von Menschen und Tieren sowie wirksame Löscharbeiten möglich sind.

§ 18
Wärmeschutz, Schallschutz und Erschütterungsschutz
(1) Gebäude müssen einen ihrer Nutzung und den klimatischen Verhältnissen entsprechenden Wärmeschutz haben.

(2) Gebäude müssen einen ihrer Nutzung entsprechenden Schallschutz haben. Geräusche, die von ortsfesten Einrichtungen in baulichen Anlagen oder auf Baugrundstücken ausgehen, sind so zu dämmen, dass Gefahren oder unzumutbare Belästigungen nicht entstehen.

(3) Erschütterungen oder Schwingungen, die von ortsfesten Einrichtungen in baulichen Anlagen oder auf Baugrundstücken ausgehen, sind so zu dämmen, dass Gefahren oder unzumutbare Belästigungen nicht entstehen.

§ 19
Verkehrssicherheit
(1) Bauliche Anlagen und die dem Verkehr dienenden nicht überbauten Flächen von bebauten Grundstücken müssen verkehrssicher sein.

(2) Die Sicherheit und Leichtigkeit des öffentlichen Verkehrs darf durch bauliche Anlagen oder deren Nutzung nicht gefährdet werden.

(3) Allgemein zugängliche Flächen und Treppen in Gebäuden sowie auf Grundstücken müssen eine lichte Durchgangshöhe von mindestens 2 m haben.

(4) Öffentlich zugängliche Wege auf den Grundstücken und Eingänge von Gebäuden müssen überschaubar und zu beleuchten sein.

(5) Gebäude sind mit einer vom öffentlichen Weg aus gut erkennbaren Hausnummer zu kennzeichnen; bei Gebäuden mit Aufenthaltsräumen muss die Hausnummer beleuchtbar sein.

Dritter Abschnitt
Bauprodukte, Bauarten

§ 20
Bauprodukte
(1) Bauprodukte dürfen für die Errichtung, Änderung und Instandhaltung baulicher Anlagen nur verwendet werden, wenn sie für den Verwendungszweck
1.

    von den nach Absatz 2 bekannt gemachten technischen Regeln nicht oder nicht wesentlich abweichen (geregelte Bauprodukte) oder nach Absatz 3 zulässig sind und wenn sie auf Grund des Übereinstimmungsnachweises nach § 22 das Übereinstimmungszeichen (Ü-Zeichen) tragen oder

2.

nach den Vorschriften

a)

des Bauproduktengesetzes (BauPG),

b)

zur Umsetzung der Richtlinie 89/106/EWG des Rates vom 21. Dezember 1988 zur Angleichung der Rechts- und Verwaltungsvorschriften der Mitgliedstaaten über Bauprodukte (Bauproduktenrichtlinie) - ABl. EU Nr. L 40 S. 12), zuletzt geändert am 29. September 2003 (ABl. EU Nr. L 284 S. 1), durch andere Mitgliedstaaten der Europäischen Gemeinschaften und andere Vertragsstaaten des Abkommens über den Europäischen Wirtschaftsraum oder

c)

zur Umsetzung sonstiger Richtlinien der Europäischen Gemeinschaften, soweit diese die wesentlichen Anforderungen nach § 5 Absatz 1 BauPG berücksichtigen,

in den Verkehr gebracht und gehandelt werden dürfen, insbesondere das Zeichen der Europäischen Gemeinschaften (CE-Kennzeichnung) tragen und dieses Zeichen die nach Absatz 7 Nummer 1 festgelegten Klassen- und Leistungsstufen ausweist oder die Leistung des Bauprodukts angibt. Sonstige Bauprodukte, die von allgemein anerkannten Regeln der Technik nicht abweichen, dürfen auch verwendet werden, wenn diese Regeln nicht in der Bauregelliste A bekannt gemacht sind. Sonstige Bauprodukte, die von allgemein anerkannten Regeln der Technik abweichen, bedürfen keines Nachweises ihrer Verwendbarkeit nach Absatz 3.

(2) Die Bauaufsichtsbehörde macht für Bauprodukte, für die nicht nur die Vorschriften nach Absatz 1 Satz 1 Nummer 2 maßgebend sind, in der Bauregelliste A die technischen Regeln bekannt, die zur Erfüllung der in diesem Gesetz und in Vorschriften auf Grund dieses Gesetzes an bauliche Anlagen gestellten Anforderungen erforderlich sind. Diese technischen Regeln gelten als Technische Baubestimmungen im Sinne des § 3 Absatz 3 Satz 1.

(3) Bauprodukte, für die technische Regeln in der Bauregelliste A nach Absatz 2 bekannt gemacht worden sind und die von diesen wesentlich abweichen oder für die es Technische Baubestimmungen oder allgemein anerkannte Regeln der Technik nicht gibt (nicht geregelte Bauprodukte), müssen

1.

eine allgemeine bauaufsichtliche Zulassung (§ 20 a),

2.

ein allgemeines bauaufsichtliches Prüfzeugnis (§ 20 b) oder

3.

eine Zustimmung im Einzelfall (§ 20 c)

haben. Ausgenommen sind Bauprodukte, die für die Erfüllung der Anforderungen dieses Gesetzes oder auf Grund dieses Gesetzes nur eine untergeordnete Bedeutung haben und die die Bauaufsichtsbehörde in einer Liste C öffentlich bekannt gemacht hat.

(4) Der Senat kann durch Rechtsverordnung vorschreiben, dass für bestimmte

Bauprodukte, auch soweit sie Anforderungen nach anderen Rechtsvorschriften unterliegen, hinsichtlich dieser Anforderungen bestimmte Nachweise der Verwendbarkeit und bestimmte Übereinstimmungsnachweise nach Maßgabe der §§ 20 bis 20 c und der §§ 22 bis 23 zu führen sind, wenn die anderen Rechtsvorschriften diese Nachweise verlangen oder zulassen.

(5) Bei Bauprodukten nach Absatz 1 Satz 1 Nummer 1, deren Herstellung in außergewöhnlichem Maß von der Sachkunde und Erfahrung der damit betrauten Personen oder von einer Ausstattung mit besonderen Vorrichtungen abhängt, kann in der allgemeinen bauaufsichtlichen Zulassung, in der Zustimmung im Einzelfall oder durch Rechtsverordnung des Senats vorgeschrieben werden, dass die Herstellerin oder der Hersteller über solche Fachkräfte und Vorrichtungen verfügt und den Nachweis hierüber gegenüber einer Prüfstelle nach § 23 zu erbringen hat. In der Rechtsverordnung können Mindestanforderungen an die Ausbildung, die durch Prüfung nachzuweisende Befähigung und die Ausbildungsstätten einschließlich der Anerkennungsvoraussetzungen gestellt werden.

(6) Für Bauprodukte, die wegen ihrer besonderen Eigenschaften oder ihres besonderen Verwendungszwecks einer außergewöhnlichen Sorgfalt bei Einbau, Transport, Instandhaltung oder Reinigung bedürfen, kann in der allgemeinen bauaufsichtlichen Zulassung, in der Zustimmung im Einzelfall oder durch Rechtsverordnung des Senats die Überwachung dieser Tätigkeiten durch eine Überwachungsstelle nach § 23 vorgeschrieben werden.

(7) Die Bauaufsichtsbehörde kann in der Bauregelliste B

1.

    festlegen, welche der Klassen und Leistungsstufen, die in Normen, Leitlinien oder europäischen technischen Zulassungen nach dem Bauproduktengesetz oder in anderen Vorschriften zur Umsetzung von Richtlinien der Europäischen Gemeinschaften enthalten sind, Bauprodukte nach Absatz 1 Satz 1 Nummer 2 erfüllen müssen, und

2.

    bekannt machen, inwieweit andere Vorschriften zur Umsetzung von Richtlinien der Europäischen Gemeinschaften die wesentlichen Anforderungen nach § 5 Absatz 1 BauPG nicht berücksichtigen.

§ 20 a
Allgemeine bauaufsichtliche Zulassung

(1) Die Bauaufsichtsbehörde erteilt eine allgemeine bauaufsichtliche Zulassung für nicht geregelte Bauprodukte, wenn deren Verwendbarkeit im Sinne des § 3 Absatz 2 nachgewiesen ist.

(2) Die zur Begründung des Antrags erforderlichen Unterlagen sind beizufügen. Soweit erforderlich, sind Probestücke von der Antragstellerin oder dem Antragsteller zur Verfügung zu stellen oder durch Sachverständige, die die Bauaufsichtsbehörde bestimmen kann, zu entnehmen oder Probeausführungen unter Aufsicht der Sachverständigen herzustellen; § 70 Absatz 3 gilt entsprechend.

(3) Die Bauaufsichtsbehörde kann für die Durchführung der Prüfung die sachverständige Stelle und für Probeausführungen die Ausführungsstelle und

Ausführungszeit vorschreiben.

(4) Die allgemeine bauaufsichtliche Zulassung wird widerruflich und für eine bestimmte Frist erteilt, die in der Regel fünf Jahre beträgt. Die Zulassung kann mit Nebenbestimmungen erteilt werden. Sie kann auf Antrag in der Regel um fünf Jahre verlängert werden. § 73 Absatz 3 Satz 2 gilt entsprechend.

(5) Die Zulassung wird unbeschadet der privaten Rechte Dritter erteilt.

(6) Die Bauaufsichtsbehörde macht die von ihr erteilten allgemeinen bauaufsichtlichen Zulassungen nach Gegenstand und wesentlichem Inhalt öffentlich bekannt.

(7) Allgemeine bauaufsichtliche Zulassungen nach dem Recht anderer Länder gelten auch in der Freien und Hansestadt Hamburg.

§ 20 b
Allgemeines bauaufsichtliches Prüfzeugnis

(1) Bauprodukte,

1.

deren Verwendung nicht der Erfüllung erheblicher Anforderungen an die Sicherheit baulicher Anlagen dient, oder

2.

die nach allgemein anerkannten Prüfverfahren beurteilt werden, bedürfen anstelle einer allgemeinen bauaufsichtlichen Zulassung nur eines allgemeinen bauaufsichtlichen Prüfzeugnisses. Die Bauaufsichtsbehörde macht dies mit der Angabe der maßgebenden technischen Regeln und, soweit es keine allgemein anerkannten Regeln der Technik gibt, mit der Bezeichnung der Bauprodukte im Einvernehmen mit der Bauaufsichtsbehörde in der Bauregelliste A bekannt.

(2) Ein allgemeines bauaufsichtliches Prüfzeugnis wird von einer Prüfstelle nach § 23 Absatz 1 Satz 1 Nummer 1 für nicht geregelte Bauprodukte nach Absatz 1 erteilt, wenn deren Verwendbarkeit im Sinne des § 3 Absatz 2 nachgewiesen ist. § 20 a Absätze 2 bis 7 gilt entsprechend.

§ 20 c
Nachweis der Verwendbarkeit von Bauprodukten
im Einzelfall

Mit Zustimmung der Bauaufsichtsbehörde dürfen im Einzelfall

1.

Bauprodukte, die ausschließlich nach dem Bauproduktengesetz in Verkehr gebracht werden und gehandelt werden dürfen, dessen Anforderungen jedoch nicht erfüllen,

2.

Bauprodukte, die nach sonstigen Vorschriften zur Umsetzung von Richtlinien der Europäischen Union oder auf der Grundlage von unmittelbar geltendem Recht der Europäischen Union in Verkehr gebracht und gehandelt werden dürfen, hinsichtlich der nicht berücksichtigten wesentlichen Anforderungen im Sinne des § 20 Absatz 7 Nummer 2,

3.

nicht geregelte Bauprodukte

verwendet werden, wenn ihre Verwendbarkeit im Sinne des § 3 Absatz 2 nachgewiesen ist. Wenn Gefahren im Sinne des § 3 Absatz 1 nicht zu erwarten sind, kann die Bauaufsichtsbehörde im Einzelfall erklären, dass ihre Zustimmung nicht erforderlich ist.

§ 21
Bauarten

(1) Bauarten, die von Technischen Baubestimmungen wesentlich abweichen oder für die es allgemein anerkannte Regeln der Technik nicht gibt (nicht geregelte Bauarten), dürfen bei der Errichtung, Änderung und Instandhaltung baulicher Anlagen nur angewendet werden, wenn für sie

1.

eine allgemeine bauaufsichtliche Zulassung (§ 20 a) oder

2.

eine Zustimmung im Einzelfall (§ 20 c)

erteilt worden ist. Anstelle einer allgemeinen bauaufsichtlichen Zulassung genügt ein allgemeines bauaufsichtliches Prüfzeugnis, wenn die Bauart nicht der Erfüllung erheblicher Anforderungen an die Sicherheit baulicher Anlagen dient oder nach allgemein anerkannten Prüfverfahren beurteilt wird. Die Bauaufsichtsbehörde macht diese Bauarten mit der Angabe der maßgebenden technischen Regeln und, soweit es keine allgemein anerkannten Regeln der Technik gibt, mit der Bezeichnung der Bauarten in der Bauregelliste A bekannt. § 20 Absätze 5 und 6 sowie § 20 a, § 20 b Absatz 2 und § 20 c gelten entsprechend. Wenn Gefahren im Sinne des § 3 Absatz 1 nicht zu erwarten sind, kann die Bauaufsichtsbehörde im Einzelfall oder für genau begrenzte Fälle allgemein festlegen, dass eine allgemeine bauaufsichtliche Zulassung, ein allgemeines bauaufsichtliches Prüfzeugnis oder eine Zustimmung im Einzelfall nicht erforderlich ist.

(2) Der Senat kann durch Rechtsverordnung vorschreiben, dass für bestimmte Bauarten, auch soweit sie Anforderungen nach anderen Rechtsvorschriften unterliegen, Absatz 1 ganz oder teilweise anwendbar ist, wenn die anderen Rechtsvorschriften dies verlangen oder zulassen.

§ 22
Übereinstimmungsnachweis

(1) Bauprodukte bedürfen einer Bestätigung ihrer Übereinstimmung mit den technischen Regeln nach § 20 Absatz 2, den allgemeinen bauaufsichtlichen Zulassungen, den allgemeinen bauaufsichtlichen Prüfzeugnissen oder den Zustimmungen im Einzelfall; als Übereinstimmung gilt auch eine Abweichung, die nicht wesentlich ist.

(2) Die Bestätigung der Übereinstimmung erfolgt durch

1.

Übereinstimmungserklärung der Herstellerin oder des Herstellers (§ 22 a) oder

2.

Übereinstimmungszertifikat (§ 22 b).
Die Bestätigung durch Übereinstimmungszertifikat kann in der allgemeinen bauaufsichtlichen Zulassung, in der Zustimmung im Einzelfall oder in der Bauregelliste A vorgeschrieben werden, wenn dies zum Nachweis einer ordnungsgemäßen Herstellung erforderlich ist. Bauprodukte, die nicht in Serie hergestellt werden, bedürfen nur der Übereinstimmungserklärung der Herstellerin oder des Herstellers nach § 22 a Absatz 1, sofern nichts anderes bestimmt ist. Die Bauaufsichtsbehörde kann im Einzelfall die Verwendung von Bauprodukten ohne das erforderliche Übereinstimmungszertifikat gestatten, wenn nachgewiesen ist, dass diese Bauprodukte den technischen Regeln, Zulassungen, Prüfzeugnissen oder Zustimmungen nach Absatz 1 entsprechen.
(3) Für Bauarten gelten die Absätze 1 und 2 entsprechend.
(4) Die Übereinstimmungserklärung und die Erklärung, dass ein Übereinstimmungszertifikat erteilt ist, hat die Herstellerin oder der Hersteller durch Kennzeichnung der Bauprodukte mit dem Übereinstimmungszeichen (Ü-Zeichen) unter Hinweis auf den Verwendungszweck abzugeben.
(5) Das Ü-Zeichen ist auf dem Bauprodukt, auf einem Beipackzettel oder auf seiner Verpackung oder, wenn dies Schwierigkeiten bereitet, auf dem Lieferschein oder auf einer Anlage zum Lieferschein anzubringen.
(6) Ü-Zeichen aus anderen Ländern und aus anderen Staaten gelten auch in der Freien und Hansestadt Hamburg.

§ 22 a
Übereinstimmungserklärung der Herstellerin
oder des Herstellers
(1) Die Herstellerin oder der Hersteller darf eine Übereinstimmungserklärung nur abgeben, wenn sie oder er durch werkseigene Produktionskontrolle sichergestellt hat, dass das hergestellte Bauprodukt den maßgebenden technischen Regeln, der allgemeinen bauaufsichtlichen Zulassung, dem allgemeinen bauaufsichtlichen Prüfzeugnis oder der Zustimmung im Einzelfall entspricht.
(2) In den technischen Regeln nach § 20 Absatz 2, in der Bauregelliste A, in den allgemeinen bauaufsichtlichen Zulassungen, in den allgemeinen bauaufsichtlichen Prüfzeugnissen oder in den Zustimmungen im Einzelfall kann eine Prüfung der Bauprodukte durch eine Prüfstelle vor Abgabe der Übereinstimmungserklärung vorgeschrieben werden, wenn dies zur Sicherung einer ordnungsgemäßen Herstellung erforderlich ist. In diesen Fällen hat die Prüfstelle das Bauprodukt daraufhin zu überprüfen, ob es den maßgebenden technischen Regeln, der allgemeinen bauaufsichtlichen Zulassung, dem allgemeinen bauaufsichtlichen Prüfzeugnis oder der Zustimmung im Einzelfall entspricht.

§ 22 b
Übereinstimmungszertifikat
(1) Ein Übereinstimmungszertifikat ist von einer Zertifizierungsstelle nach § 23 zu erteilen, wenn das Bauprodukt
1.

den maßgebenden technischen Regeln, der allgemeinen bauaufsichtlichen Zulassung, dem allgemeinen bauaufsichtlichen Prüfzeugnis oder der Zustimmung im Einzelfall entspricht und

2.

einer werkseigenen Produktionskontrolle sowie einer Fremdüberwachung nach Maßgabe des Absatzes 2 unterliegt.

(2) Die Fremdüberwachung ist von Überwachungsstellen nach § 23 durchzuführen. Die Fremdüberwachung hat regelmäßig zu überprüfen, ob das Bauprodukt den maßgebenden technischen Regeln, der allgemeinen bauaufsichtlichen Zulassung, dem allgemeinen bauaufsichtlichen Prüfzeugnis oder der Zustimmung im Einzelfall entspricht.

§ 23
Prüf-, Zertifizierungs-, Überwachungsstellen

(1) Die Bauaufsichtsbehörde kann eine Person, Stelle oder Überwachungsgemeinschaft als

1.

Prüfstelle für die Erteilung allgemeiner bauaufsichtlicher Prüfzeugnisse (§ 20 b Absatz 2),

2.

Prüfstelle für die Überprüfung von Bauprodukten vor Bestätigung der Übereinstimmung (§ 22 a Absatz 2),

3.

Zertifizierungsstelle (§ 22 b Absatz 1),

4.

Überwachungsstelle für die Fremdüberwachung (§ 22 b Absatz 2),

5.

Überwachungsstelle für die Überwachung nach § 20 Absatz 6 oder

6.

Prüfstelle für die Überprüfung nach § 20 Absatz 5

anerkennen, wenn sie oder die bei ihr Beschäftigten nach ihrer Ausbildung, Fachkenntnis, persönlichen Zuverlässigkeit, ihrer Unparteilichkeit und ihren Leistungen die Gewähr dafür bieten, dass diese Aufgaben den öffentlich-rechtlichen Vorschriften entsprechend wahrgenommen werden, und wenn sie über die erforderlichen Vorrichtungen verfügen. Satz 1 ist entsprechend auf Behörden anzuwenden, wenn sie ausreichend mit geeigneten Fachkräften besetzt und mit den erforderlichen Vorrichtungen ausgestattet sind.

(2) Die Anerkennung von Prüf-, Zertifizierungs- und Überwachungsstellen anderer Länder gilt auch in der Freien und Hansestadt Hamburg. Prüf-, Zertifizierungs- und Überwachungsergebnisse von Stellen, die nach Artikel 16 Absatz 2 der Bauproduktenrichtlinie von einem anderen Mitgliedstaat der Europäischen Gemeinschaften oder von einem anderen Vertragsstaat des Abkommens über den Europäischen Wirtschaftsraum anerkannt worden sind, stehen den Ergebnissen der in Absatz 1 genannten Stellen gleich. Dies gilt auch für Prüf-, Zertifizierungs- und Überwachungsergebnisse von Stellen anderer Staaten, wenn sie in einem Artikel 16 Absatz 2 der Bauproduktenrichtlinie entsprechenden Verfahren anerkannt

worden sind.

(3) Die Bauaufsichtsbehörde erkennt auf Antrag eine Person, Stelle, Überwachungsgemeinschaft oder Behörde als Stelle nach Artikel 16 Absatz 2 der Bauproduktenrichtlinie an, wenn in dem in Artikel 16 Absatz 2 der Bauproduktenrichtlinie vorgesehenen Verfahren nachgewiesen ist, dass die Person, Stelle, Überwachungsgemeinschaft oder Behörde die Voraussetzungen erfüllt, nach den Vorschriften eines anderen Mitgliedstaates der Europäischen Gemeinschaften oder eines anderen Vertragsstaates des Abkommens über den Europäischen Wirtschaftsraum zu prüfen, zu zertifizieren oder zu überwachen. Dies gilt auch für die Anerkennung von Personen, Stellen, Überwachungsgemeinschaften oder Behörden, die nach den Vorschriften eines anderen Staates zu prüfen, zu zertifizieren oder zu überwachen beabsichtigen, wenn der erforderliche Nachweis in einem Artikel 16 Absatz 2 der Bauproduktenrichtlinie entsprechenden Verfahren geführt wird.

Vierter Abschnitt
Wände, Decken, Dächer

§ 24
Allgemeine Anforderungen an das Brandverhalten
von Baustoffen und Bauteilen

(1) Baustoffe werden nach den Anforderungen an ihr Brandverhalten unterschieden in

1.

nicht brennbare,

2.

schwer entflammbare,

3.

normal entflammbare.

Baustoffe, die nicht mindestens normal entflammbar sind (leicht entflammbare Baustoffe) dürfen nicht verwendet werden; dies gilt nicht, wenn sie in Verbindung mit anderen Baustoffen nicht leicht entflammbar sind.

(2) Bauteile werden nach den Anforderungen an ihre Feuerwiderstandsfähigkeit unterschieden in

1.

feuerbeständige,

2.

hoch Feuer hemmende,

3.

Feuer hemmende;

die Feuerwiderstandsfähigkeit bezieht sich bei tragenden und aussteifenden Bauteilen auf deren Standsicherheit im Brandfall, bei Raum abschließenden Bauteilen auf deren Widerstand gegen die Brandausbreitung. Bauteile werden zusätzlich nach dem Brandverhalten ihrer Baustoffe unterschieden in

1.

Bauteile aus nicht brennbaren Baustoffen,

2.

Bauteile, deren tragende und aussteifende Teile aus nicht brennbaren Baustoffen bestehen und die bei Raum abschließenden Bauteilen zusätzlich eine in Bauteilebene durchgehende Schicht aus nicht brennbaren Baustoffen haben,

3.

Bauteile, deren tragende und aussteifende Teile aus brennbaren Baustoffen bestehen und die allseitig eine brandschutztechnisch wirksame Bekleidung aus nicht brennbaren Baustoffen (Brandschutzbekleidung) und Dämmstoffe aus nicht brennbaren Baustoffen haben,

4.

Bauteile aus brennbaren Baustoffen.

Soweit in diesem Gesetz oder in Vorschriften auf Grund dieses Gesetzes nichts anderes bestimmt ist, müssen

1.

Bauteile, die feuerbeständig sein müssen, mindestens den Anforderungen des Satzes 2 Nummer 2,

2.

Bauteile, die hoch Feuer hemmend sein müssen, mindestens den Anforderungen des Satzes 2 Nummer 3

entsprechen.

§ 25
Tragende Wände, Stützen

(1) Tragende und aussteifende Wände und Stützen müssen im Brandfall ausreichend lange standsicher sein. Sie müssen

1.

in Gebäuden der Gebäudeklasse 5 feuerbeständig,

2.

in Gebäuden der Gebäudeklasse 4 hoch Feuer hemmend,

3.

in Gebäuden der Gebäudeklassen 2 und 3 Feuer hemmend

sein. Satz 2 gilt

1.

für Geschosse im Dachraum nur, wenn darüber noch Aufenthaltsräume zulässig sind; § 27 Absatz 4 bleibt unberührt,

2.

nicht für Balkone.

(2) Im Kellergeschoss müssen tragende und aussteifende Wände und Stützen

1.

in Gebäuden der Gebäudeklassen 3 bis 5 feuerbeständig,

2.

in Gebäuden der Gebäudeklassen 1 und 2 Feuer hemmend

sein.

§ 26
Außenwände

(1) Außenwände und Außenwandteile wie Brüstungen und Schürzen sind so auszubilden, dass eine Brandausbreitung auf und in diesen Bauteilen ausreichend lange begrenzt ist.

(2) Nicht tragende Außenwände und nicht tragende Teile tragender Außenwände müssen aus nicht brennbaren Baustoffen bestehen; sie sind aus brennbaren Baustoffen zulässig, wenn sie als Raum abschließende Bauteile Feuer hemmend sind. Satz 1 gilt nicht für brennbare Fensterprofile und Fugendichtungen sowie brennbare Dämmstoffe in nicht brennbaren geschlossenen Profilen der Außenwandkonstruktion.

(3) Oberflächen von Außenwänden sowie Außenwandbekleidungen müssen einschließlich der Dämmstoffe und Unterkonstruktionen schwer entflammbar sein; Unterkonstruktionen aus normalentflammbaren Baustoffen sind zulässig, wenn die Anforderungen nach Absatz 1 erfüllt sind. Balkonbekleidungen, die über die erforderliche Umwehrungshöhe hinaus hoch geführt werden, müssen schwer entflammbar sein.

(4) Bei Außenwandkonstruktionen mit Geschoss über greifenden Hohl- oder Lufträumen wie Doppelfassaden und hinterlüfteten Außenwandbekleidungen sind gegen die Brandausbreitung besondere Vorkehrungen zu treffen.

(5) Die Absätze 2 und 3 gelten nicht für Gebäude der Gebäudeklassen 1 bis 3.

§ 27
Trennwände

(1) Trennwände nach Absatz 2 müssen als Raum abschließende Bauteile von Räumen oder Nutzungseinheiten innerhalb von Geschossen ausreichend lange widerstandsfähig gegen die Brandausbreitung sein.

(2) Trennwände sind erforderlich

1.

zwischen Nutzungseinheiten sowie zwischen Nutzungseinheiten und anders genutzten Räumen, ausgenommen notwendigen Fluren,

2.

zum Abschluss von Räumen mit Explosions- oder erhöhter Brandgefahr,

3.

zwischen Aufenthaltsräumen und anders genutzten Räumen im Kellergeschoss.

(3) Trennwände nach Absatz 2 Nummern 1 und 3 müssen die Feuerwiderstandsfähigkeit der tragenden und aussteifenden Bauteile des Geschosses haben, jedoch mindestens Feuer hemmend sein. Trennwände nach Absatz 2 Nummer 2 müssen feuerbeständig sein.

(4) Die Trennwände nach Absatz 2 sind bis zur Rohdecke, im Dachraum bis unter die Dachhaut zu führen; werden in Dachräumen Trennwände nur bis zur Rohdecke geführt, ist diese Decke als Raum abschließendes Bauteil einschließlich der sie tragenden und aussteifenden Bauteile Feuer hemmend herzustellen.

(5) Öffnungen in Trennwänden nach Absatz 2 sind nur zulässig, wenn sie auf die für die Nutzung erforderliche Zahl und Größe beschränkt sind; sie müssen Feuer

hemmende, dicht- und selbstschließende Abschlüsse haben.

(6) Die Absätze 1 bis 5 gelten nicht für Wohngebäude der Gebäudeklassen 1 und 2.

§ 28
Brandwände

(1) Brandwände müssen als Raum abschließende Bauteile zum Abschluss von Gebäuden (Gebäudeabschlusswand) oder zur Unterteilung von Gebäuden in Brandabschnitte (innere Brandwand) ausreichend lange die Brandausbreitung auf andere Gebäude oder Brandabschnitte verhindern.

(2) Brandwände sind erforderlich

1.
    als Gebäudeabschlusswand, wenn diese Wände mit einem geringerem Abstand als 5,0 m gegenüber anderen Gebäuden errichtet werden oder wenn diese Wände mit einem geringerem Abstand als 2,50 m gegenüber Grundstücksgrenzen errichtet werden; es sei denn, dass ein Abstand von mindestens 5 m zu künftigen Gebäuden durch Baulast gesichert ist,

2.
    als innere Brandwand zur Unterteilung ausgedehnter Gebäude in Abständen von nicht mehr als 40 m,

3.
    als innere Brandwand zur Unterteilung landwirtschaftlich genutzter Gebäude in Brandabschnitte von nicht mehr als 10000 m3 Brutto-Rauminhalt,

4.
    als Gebäudeabschlusswand zwischen Wohngebäuden und angebauten landwirtschaftlich genutzten Gebäuden sowie als innere Brandwand zwischen dem Wohnteil und dem landwirtschaftlich genutzten Teil eines Gebäudes.

Satz 1 Nummer 1 gilt nicht für

1.
    Gebäude ohne Aufenthaltsräume und ohne Feuerstätten mit nicht mehr als 50 m3Bruttorauminhalt,

2.
    Gewächshäuser ohne eigene Feuerstätten,

3.
    seitliche Wände von Vorbauten im Sinne des § 6 Absatz 6, wenn sie von dem Nachbargebäude oder der Nachbargrenze einen Abstand einhalten, der ihrer eigenen Ausladung entspricht, mindestens jedoch 1,0 m beträgt.

Nachträgliche Wärmeschutzmaßnahmen an bestehenden Außenwänden mit einer zusätzlichen Wandstärke bis zu 0,20 m werden bei der Abstandsbemessung nach Satz 1 Nummer 1 nicht berücksichtigt, sofern die neuen Bauteile aus nicht brennbaren Baustoffen bestehen.

(3) Brandwände müssen auch unter zusätzlicher mechanischer Beanspruchung feuerbeständig sein und aus nicht brennbaren Baustoffen bestehen. Anstelle von Brandwänden nach Satz 1 sind zulässig

1.
    für Gebäude der Gebäudeklasse 4 Wände, die auch unter zusätzlicher mechanischer Beanspruchung hoch Feuer hemmend sind,

2.
  für Gebäude der Gebäudeklassen 1 bis 3 hoch Feuer hemmende Wände,

3.
  für Gebäude der Gebäudeklassen 1 bis 3 Gebäudeabschlusswände, die jeweils von innen nach außen die Feuerwiderstandsfähigkeit der tragenden und aussteifenden Teile des Gebäudes, mindestens jedoch Feuer hemmende Bauteile, und von außen nach innen die Feuerwiderstandsfähigkeit feuerbeständiger Bauteile haben,

4.
  in den Fällen des Absatzes 2 Satz 1 Nummer 4 feuerbeständige Wände, wenn der umbaute Raum des landwirtschaftlich genutzten Gebäudes oder Gebäudeteils nicht größer als 2000 m3 ist.

(4) Brandwände müssen bis zur Bedachung durchgehen und in allen Geschossen übereinander angeordnet sein. Abweichend davon dürfen anstelle innerer Brandwände Wände geschossweise versetzt angeordnet werden, wenn

1.
  die Wände im Übrigen Absatz 3 Satz 1 entsprechen,

2.
  die Decken, soweit sie in Verbindung mit diesen Wänden stehen, feuerbeständig sind, aus nicht brennbaren Baustoffen bestehen und keine Öffnungen haben,

3.
  die Bauteile, die diese Wände und Decken unterstützen, feuerbeständig sind und aus nicht brennbaren Baustoffen bestehen,

4.
  die Außenwände in der Breite des Versatzes in dem Geschoss oberhalb oder unterhalb des Versatzes feuerbeständig sind und

5.
  Öffnungen in den Außenwänden im Bereich des Versatzes so angeordnet oder andere Vorkehrungen so getroffen sind, dass eine Brandausbreitung in andere Brandabschnitte nicht zu befürchten ist.

(5) Brandwände sind 0,30 m über die Bedachung zu führen oder in Höhe der Dachhaut mit einer beiderseits 0,50 m auskragenden feuerbeständigen Platte aus nichtbrennbaren Baustoffen abzuschließen; darüber dürfen brennbare Teile des Daches nicht hinweggeführt werden. Bei Gebäuden der Gebäudeklassen 1 bis 3 sind Brandwände mindestens bis unter die Dachhaut zu führen; verbleibende Hohlräume sind vollständig mit nicht brennbaren Baustoffen auszufüllen.

(6) Müssen Gebäude oder Gebäudeteile, die über Eck zusammenstoßen, durch eine Brandwand getrennt werden, so muss der Abstand dieser Wand von der inneren Ecke mindestens 5 m betragen; das gilt nicht, wenn der Winkel der inneren Ecke mehr als 120 Grad beträgt oder mindestens eine Außenwand auf 5 m Länge als öffnungslose feuerbeständige Wand aus nicht brennbaren Baustoffen ausgebildet ist.

(7) Bauteile mit brennbaren Baustoffen dürfen über Brandwände nicht hinweggeführt werden. Außenwandkonstruktionen, die eine seitliche Brandausbreitung begünstigen können, wie Doppelfassaden oder hinterlüftete

Außenwandbekleidungen, dürfen ohne besondere Vorkehrungen über Brandwände nicht hinweggeführt werden. Bauteile dürfen in Brandwände nur soweit eingreifen, dass deren Feuerwiderstandsfähigkeit nicht beeinträchtigt wird; für Leitungen, Leitungsschlitze und Schornsteine gilt dies entsprechend.

(8) Öffnungen in Brandwänden sind unzulässig. Sie sind in inneren Brandwänden nur zulässig, wenn sie auf die für die Nutzung erforderliche Zahl und Größe beschränkt sind; die Öffnungen müssen feuerbeständige, dicht- und selbstschließende Abschlüsse haben.

(9) In inneren Brandwänden sind Verglasungen nur zulässig, wenn sie feuerbeständig und auf die für die Nutzung erforderliche Zahl und Größe beschränkt sind.

(10) Die Absätze 4 bis 9 gelten entsprechend auch für Wände, die nach Absatz 3 Satz 2 anstelle von Brandwänden zulässig sind.

§ 29
Decken

(1) Decken müssen als tragende und Raum abschließende Bauteile zwischen Geschossen im Brandfall ausreichend lange standsicher und widerstandsfähig gegen die Brandausbreitung sein. Sie müssen
1.
    in Gebäuden der Gebäudeklasse 5 feuerbeständig,
2.
    in Gebäuden der Gebäudeklasse 4 hoch Feuer hemmend,
3.
    in Gebäuden der Gebäudeklassen 2 und 3 Feuer hemmend sein.
Satz 2 gilt
1.
    für Geschosse im Dachraum nur, wenn darüber Aufenthaltsräume zulässig sind; § 27 Absatz 4 bleibt unberührt,
2.
    nicht für Balkone.
(2) Im Kellergeschoss müssen Decken
1.
    in Gebäuden der Gebäudeklassen 3 bis 5 feuerbeständig,
2.
    in Gebäuden der Gebäudeklassen 1 und 2 Feuer hemmend
sein. Decken müssen feuerbeständig sein
1.
    unter und über Räumen mit Explosions- oder erhöhter Brandgefahr, ausgenommen in Wohngebäuden der Gebäudeklassen 1 und 2,
2.
    zwischen dem landwirtschaftlich genutzten Teil und dem Wohnteil eines Gebäudes.
(3) Der Anschluss der Decken an die Außenwand ist so herzustellen, dass er den Anforderungen aus Absatz 1 Satz 1 genügt.

(4) Öffnungen in Decken, für die eine Feuerwiderstandsfähigkeit vorgeschrieben ist,

sind nur zulässig
1.

in Gebäuden der Gebäudeklassen 1 und 2,

2.

innerhalb derselben Nutzungseinheit mit nicht mehr als insgesamt 400 m2 in nicht mehr als zwei Geschossen,

3.

im Übrigen, wenn sie auf die für die Nutzung erforderliche Zahl und Größe beschränkt sind und Abschlüsse mit der Feuerwiderstandsfähigkeit der Decke haben.

§ 30
Dächer

(1) Bedachungen müssen gegen eine Brandbeanspruchung von außen durch Flugfeuer und strahlende Wärme ausreichend lange widerstandsfähig sein (harte Bedachung).

(2) Bedachungen, die die Anforderungen nach Absatz 1 nicht erfüllen, sind zulässig bei Gebäuden der Gebäudeklassen 1 bis 3, wenn die Gebäude
1.

einen Abstand von der Grundstücksgrenze von mindestens 12,5 m,

2.

von Gebäuden auf demselben Grundstück mit harter Bedachung einen Abstand von mindestens 15 m,

3.

von Gebäuden auf demselben Grundstück mit Bedachungen, die die Anforderungen nach Absatz 1 nicht erfüllen, einen Abstand von mindestens 24 m,

4.

von Gebäuden auf demselben Grundstück ohne Aufenthaltsräume und ohne Feuerstätten mit nicht mehr als 50 m3 Brutto-Rauminhalt einen Abstand von mindestens 5 m

einhalten. Bei Gebäuden nach Satz 1 Nummer 1 sind angrenzende öffentliche Verkehrs-, Grün- und Wasserflächen bis zu deren Mitte anzurechnen. Soweit Gebäude nach Satz 1 Abstand halten müssen, genügt bei Wohngebäuden der Gebäudeklassen 1 und 2 in den Fällen von Satz 1
1.

Nummer 1 ein Abstand von mindestens 6 m,

2.

Nummer 2 ein Abstand von mindestens 9 m,

3.

Nummer 3 ein Abstand von mindestens 12 m.

(3) Die Absätze 1 und 2 gelten nicht für
1.

Gebäude ohne Aufenthaltsräume und ohne Feuerstätten mit nicht mehr als 50 m3Bruttorauminhalt,

2.
lichtdurchlässige Bedachungen aus nicht brennbaren Baustoffen; brennbare Fugendichtungen und brennbare Dämmstoffe in nicht brennbaren Profilen sind zulässig,

3.
Lichtkuppeln und Oberlichte von Wohngebäuden,

4.
Eingangsüberdachungen und Vordächer aus nicht brennbaren Baustoffen,

5.
Eingangsüberdachungen aus brennbaren Baustoffen, wenn die Eingänge zu Wohngebäuden der Gebäudeklassen 1 und 2 führen.

(4) Abweichend von den Absätzen 1 und 2 sind

1.
lichtdurchlässige Teilflächen aus brennbaren Baustoffen in Bedachungen nach Absatz 1 und

2.
begrünte Bedachungen

zulässig, wenn eine Brandentstehung bei einer Brandbeanspruchung von außen durch Flugfeuer und strahlende Wärme nicht zu befürchten ist oder Vorkehrungen hiergegen getroffen werden.

(5) Dachüberstände, Dachgesimse und Dachaufbauten, lichtdurchlässige Bedachungen, Lichtkuppeln und Oberlichte sind so anzuordnen und herzustellen, dass Feuer nicht auf andere Gebäudeteile und Nachbargrundstücke übertragen werden kann. Von Brandwänden und von Wänden, die anstelle von Brandwänden zulässig sind, müssen mindestens 1,25 m entfernt sein

1.
Oberlichte, Lichtkuppeln und Öffnungen in der Bedachung, wenn diese Wände nicht mindestens 0,30 m über die Bedachung geführt sind,

2.
Dachgauben und ähnliche Dachaufbauten aus brennbaren Baustoffen, wenn sie nicht durch diese Wände gegen Brandübertragung geschützt sind.

(6) Dächer von traufseitig aneinander gebauten Gebäuden müssen als Raum abschließende Bauteile für eine Brandbeanspruchung von innen nach außen einschließlich der sie tragenden und aussteifenden Bauteile Feuer hemmend sein. Öffnungen in diesen Dachflächen müssen waagerecht gemessen mindestens 1,25 m von der Brandwand oder der Wand, die anstelle der Brandwand zulässig ist, entfernt sein.

(7) Dächer von Anbauten, die an Außenwände mit Öffnungen oder ohne Feuerwiderstandsfähigkeit anschließen, müssen innerhalb eines Abstands von 5 m von diesen Wänden als Raum abschließende Bauteile für eine Brandbeanspruchung von innen nach außen einschließlich der sie tragenden und aussteifenden Bauteile die Feuerwiderstandsfähigkeit der Decken des Gebäudeteils haben, an den sie angebaut werden. Dies gilt nicht für Anbauten an Wohngebäude der Gebäudeklassen 1 bis 3, sowie für sonstige Anbauten bis 1,50 m Tiefe mit Dächern aus nicht brennbaren Bauteilen, wenn ein vertikaler Feuerüberschlagsweg von einem Meter zu Öffnungen eingehalten wird.

33

(8) Glasdächer über Rettungswegen müssen so ausgebildet sein, dass Menschen durch herabfallende Glasteile nicht gefährdet werden.
(9) Für vom Dach aus vorzunehmende Arbeiten sind sicher benutzbare Vorrichtungen anzubringen.

Fünfter Abschnitt
Rettungswege, Öffnungen, Umwehrungen

§ 31
Erster und zweiter Rettungsweg
(1) Für Nutzungseinheiten mit mindestens einem Aufenthaltsraum müssen in jedem Geschoss mindestens zwei voneinander unabhängige Rettungswege ins Freie vorhanden sein; beide Rettungswege dürfen jedoch innerhalb des Geschosses über denselben notwendigen Flur führen.
(2) Für Nutzungseinheiten nach Absatz 1, die nicht zu ebener Erde liegen, muss der erste Rettungsweg über eine notwendige Treppe führen. Der zweite Rettungsweg kann eine weitere notwendige Treppe oder eine mit Rettungsgeräten der Feuerwehr erreichbare Stelle der Nutzungseinheit sein. Ein zweiter Rettungsweg ist nicht erforderlich, wenn die Rettung über einen sicher erreichbaren Treppenraum möglich ist, in den Feuer und Rauch nicht eindringen können (Sicherheitstreppenraum). Bei Sonderbauten ist der zweite Rettungsweg über Rettungsgeräte der Feuerwehr nur zulässig, wenn keine Bedenken wegen der Personenrettung bestehen.

§ 32
Treppen
(1) Jedes nicht zu ebener Erde liegende Geschoss und der benutzbare Dachraum eines Gebäudes müssen über mindestens eine Treppe zugänglich sein (notwendige Treppe). Statt notwendiger Treppen sind Rampen mit flacher Neigung zulässig.
(2) Einschiebbare Treppen und Rolltreppen sind als notwendige Treppen unzulässig. In Gebäuden der Gebäudeklassen 1 und 2 sind einschiebbare Treppen und Leitern als Zugang zu einem Dachraum ohne Aufenthaltsraum zulässig.
(3) Notwendige Treppen sind in einem Zuge zu allen angeschlossenen Geschossen zu führen; sie müssen mit den Treppen zum Dachraum unmittelbar verbunden sein. Dies gilt nicht für Treppen
1.
    in Gebäuden der Gebäudeklassen 1 bis 3,
2.
    nach § 33 Absatz 1 Satz 3 Nummer 2.
(4) Die tragenden Teile notwendiger Treppen müssen
1.
    in Gebäuden der Gebäudeklasse 5 Feuer hemmend und aus nicht brennbaren Baustoffen,
2.

34

3.
in Gebäuden der Gebäudeklasse 4 aus nicht brennbaren Baustoffen,

in Gebäuden der Gebäudeklasse 3 aus nicht brennbaren Baustoffen oder Feuer hemmend

sein. Tragende Teile von Außentreppen nach § 33 Absatz 1 Satz 3 Nummer 3 für Gebäude der Gebäudeklassen 3 bis 5 müssen aus nicht brennbaren Baustoffen bestehen.

(5) Die nutzbare Breite der Treppenläufe und Treppenabsätze notwendiger Treppen muss für den größten zu erwartenden Verkehr ausreichen.

(6) Treppen müssen einen festen und griffsicheren Handlauf haben. Für Treppen sind Handläufe auf beiden Seiten und Zwischenhandläufe vorzusehen, soweit die Verkehrssicherheit dies erfordert.

(7) Eine Treppe darf nicht unmittelbar hinter einer Tür beginnen, die in Richtung der Treppe aufschlägt; zwischen Treppe und Tür ist ein Treppenabsatz von mindestens 0,5 m Tiefe anzuordnen.

§ 33
Notwendige Treppenräume, Ausgänge

(1) Jede notwendige Treppe muss zur Sicherstellung der Rettungswege aus den Geschossen ins Freie in einem eigenen, durchgehenden Treppenraum liegen (notwendiger Treppenraum). Notwendige Treppenräume müssen so angeordnet und ausgebildet sein, dass die Nutzung der notwendigen Treppen im Brandfall ausreichend lange möglich ist. Notwendige Treppen sind ohne eigenen Treppenraum zulässig

1.
in Gebäuden der Gebäudeklassen 1 und 2,

2.
für die Verbindung von höchstens zwei Geschossen innerhalb derselben Nutzungseinheit von insgesamt nicht mehr als 200 m2, wenn in jedem Geschoss ein anderer Rettungsweg erreicht werden kann,

3.
als Außentreppe, wenn ihre Nutzung ausreichend sicher ist und im Brandfall nicht gefährdet werden kann.

(2) Von jeder Stelle eines Aufenthaltsraumes sowie eines Kellergeschosses muss mindestens ein Ausgang in einen notwendigen Treppenraum oder ins Freie in höchstens 35 m Entfernung erreichbar sein. Übereinander liegende Kellergeschosse müssen jeweils mindestens zwei Ausgänge in notwendige Treppenräume oder ins Freie haben. Sind mehrere notwendige Treppenräume erforderlich, müssen sie so verteilt sein, dass sie möglichst entgegengesetzt liegen und dass die Rettungswege möglichst kurz sind.

(3) Jeder notwendige Treppenraum muss an einer Außenwand liegen und einen unmittelbaren Ausgang ins Freie haben. Innen liegende notwendige Treppenräume sind zulässig, wenn ihre Nutzung ausreichend lange nicht durch Raucheintritt gefährdet werden kann. Sofern der Ausgang eines notwendigen Treppenraumes nicht unmittelbar ins Freie führt, muss der Raum zwischen dem notwendigen Treppenraum und dem Ausgang ins Freie

1.
   mindestens so breit sein wie die dazugehörigen Treppenläufe,
2.
   Wände haben, die die Anforderungen an die Wände des Treppenraumes
   erfüllen,
3.
   rauchdichte und selbstschließende Abschlüsse zu notwendigen Fluren haben
   und
4.
   ohne Öffnungen zu anderen Räumen, ausgenommen zu notwendigen Fluren,
   sein.

(4) Die Wände notwendiger Treppenräume müssen als Raum abschließende
Bauteile
1.
   in Gebäuden der Gebäudeklasse 5 die Bauart von Brandwänden haben,
2.
   in Gebäuden der Gebäudeklasse 4 auch unter zusätzlicher mechanischer
   Beanspruchung hoch Feuer hemmend und
3.
   in Gebäuden der Gebäudeklasse 3 Feuer hemmend sein.

Dies ist nicht erforderlich für Außenwände von Treppenräumen, die aus nicht
brennbaren Baustoffen bestehen und durch andere an diese Außenwände
anschließende Gebäudeteile im Brandfall nicht gefährdet werden können. Der
obere Abschluss notwendiger Treppenräume muss als Raum abschließendes
Bauteil die Feuerwiderstandsfähigkeit der Decken des Gebäudes haben; dies gilt
nicht, wenn der obere Abschluss das Dach ist und die Treppenraumwände bis unter
die Dachhaut reichen.

(5) In notwendigen Treppenräumen und in Räumen nach Absatz 3 Satz 3 müssen
1.
   Bekleidungen, Putze, Dämmstoffe, Unterdecken und Einbauten aus nicht
   brennbaren Baustoffen bestehen,
2.
   Wände und Decken aus brennbaren Baustoffen eine Bekleidung aus nicht
   brennbaren Baustoffen in ausreichender Dicke haben,
3.
   Bodenbeläge, ausgenommen Gleitschutzprofile, aus mindestens schwer
   entflammbaren Baustoffen bestehen.

(6) In notwendigen Treppenräumen müssen Öffnungen
1.
   zu Kellergeschossen, zu nicht ausgebauten Dachräumen, Werkstätten, Läden,
   Lager- und ähnlichen Räumen sowie zu sonstigen Räumen und
   Nutzungseinheiten mit einer Fläche von mehr als 200 m2, ausgenommen
   Wohnungen, mindestens Feuer hemmende, rauchdichte und
   selbstschließende Abschlüsse,
2.
   zu notwendigen Fluren rauchdichte und selbstschließende Abschlüsse,

3.

zu sonstigen Räumen und Nutzungseinheiten mindestens dicht- und selbstschließende Abschlüsse

haben. Die Feuerschutz- und Rauchschutzabschlüsse dürfen lichtdurchlässige Seitenteile und Oberlichte enthalten, wenn der Abschluss insgesamt nicht breiter als 2,50 m ist.

(7) Notwendige Treppenräume müssen zu beleuchten sein. Innen liegende notwendige Treppenräume müssen in Gebäuden mit einer Höhe nach § 2 Absatz 3 Satz 2 von mehr als 13 m eine Sicherheitsbeleuchtung haben.

(8) Notwendige Treppenräume müssen belüftet werden können. Sie müssen in jedem oberirdischen Geschoss unmittelbar ins Freie führende Fenster mit einem freien Querschnitt von mindestens 0,5 m2 haben, die geöffnet werden können. Für innen liegende notwendige Treppenräume und notwendige Treppenräume in Gebäuden mit einer Höhe nach § 2 Absatz 3 Satz 2 von mehr als 13 m ist an der obersten Stelle eine Öffnung zur Rauchableitung mit einem freien Querschnitt von mindestens 1 m2erforderlich; sie muss vom Erdgeschoss sowie vom obersten Treppenabsatz aus geöffnet werden können. Bei Treppenräumen mit einer Grundfläche von über 40 m2 sind besondere Vorkehrungen zu treffen zur Unterstützung der Personenrettung.

§ 34
Notwendige Flure, offene Gänge

(1) Flure, über die Rettungswege aus Aufenthaltsräumen oder aus Nutzungseinheiten mit Aufenthaltsräumen zu Ausgängen in notwendige Treppenräume oder ins Freie führen (notwendige Flure), müssen so angeordnet und ausgebildet sein, dass ihre Benutzung im Brandfall ausreichend lange möglich ist. Notwendige Flure sind nicht erforderlich

1.

in Wohngebäuden der Gebäudeklassen 1 und 2,

2.

in sonstigen Gebäuden der Gebäudeklassen 1 und 2, ausgenommen in Kellergeschossen,

3.

innerhalb von Wohnungen oder innerhalb von Nutzungseinheiten mit nicht mehr als 200 m2 ,

4.

innerhalb von Nutzungseinheiten, die einer Büro- oder Verwaltungsnutzung dienen, mit nicht mehr als 400 m2; das gilt auch für Teile größerer Nutzungseinheiten, wenn diese Teile nicht größer als 400 m2 sind, Trennwände nach § 27 Absatz 2 Nummer 1 haben und jeder Teil unabhängig von anderen Teilen Rettungswege nach § 31 Absatz 1 hat.

(2) Notwendige Flure müssen so breit sein, dass sie für den größten zu erwartenden Verkehr ausreichen, mindestens 1 m. In den Fluren ist eine Folge von weniger als drei Stufen unzulässig.

(3) Notwendige Flure sind durch nicht abschließbare, rauchdichte und selbst schließende Abschlüsse in Rauchabschnitte zu unterteilen. Die Rauchabschnitte

dürfen nicht länger als 30 m sein. Die Abschlüsse sind bis an die Rohdecke zu führen; sie dürfen bis an die Unterdecke der Flure geführt werden, wenn die Unterdecke Feuer hemmend ist. Notwendige Flure mit nur einer Fluchtrichtung, die zu einem Sicherheitstreppenraum führen, dürfen nicht länger als 15,0 m sein. Die Sätze 1 bis 4 gelten nicht für offene Gänge nach Absatz 5.

(4) Die Wände notwendiger Flure müssen als Raum abschließende Bauteile Feuer hemmend, in Kellergeschossen, deren tragende und aussteifende Bauteile feuerbeständig sein müssen, feuerbeständig sein. Die Wände sind bis an die Rohdecke zu führen. Sie dürfen bis an die Unterdecke der Flure geführt werden, wenn die Unterdecke Feuer hemmend und ein nach Satz 1 vergleichbarer Raumabschluss sichergestellt ist. Türen in diesen Wänden müssen dicht schließen; Öffnungen zu Lagerbereichen im Kellergeschoss müssen Feuer hemmende, dicht- und selbstschließende Abschlüsse haben.

(5) Für Wände und Brüstungen notwendiger Flure mit nur einer Fluchtrichtung, die als offene Gänge vor den Außenwänden angeordnet sind, gilt Absatz 4 entsprechend. Fenster sind in diesen Außenwänden ab einer Brüstungshöhe von 0,9 m zulässig.

(6) In notwendigen Fluren sowie in offenen Gängen nach Absatz 5 müssen

1.

Bekleidungen, Putze, Unterdecken und Dämmstoffe aus nicht brennbaren Baustoffen bestehen,

2.

Wände und Decken aus brennbaren Baustoffen eine Bekleidung aus nicht brennbaren Baustoffen in ausreichender Dicke haben.

§ 35
Fenster, Türen, sonstige Öffnungen

(1) Können die Fensterflächen nicht gefahrlos vom Erdboden, vom Innern des Gebäudes, von Loggien oder Balkonen aus gereinigt werden, so sind Vorrichtungen wie Aufzüge, Halterungen oder Stangen anzubringen, die eine Reinigung ermöglichen.

(2) Glastüren und andere Glasflächen, die bis zum Fußboden allgemein zugänglicher Verkehrsflächen herabreichen, sind so zu kennzeichnen, dass sie leicht erkannt werden können. Weitere Schutzmaßnahmen sind für größere Glasflächen vorzusehen, wenn dies die Verkehrssicherheit erfordert.

(3) Jedes Kellergeschoss ohne Fenster muss mindestens eine Öffnung ins Freie haben, um eine Rauchableitung zu ermöglichen. Gemeinsame Kellerlichtschächte für übereinander liegende Kellergeschosse sind unzulässig.

(4) Fenster, die als Rettungswege nach § 31 Absatz 2 Satz 2 dienen, müssen im Lichten mindestens 0,9 m x 1,2 m groß und nicht höher als 1,20 m über der Fußbodenoberkante angeordnet sein. Liegen diese Fenster in Dachschrägen oder Dachaufbauten, so darf ihre Unterkante oder ein davor liegender Austritt von der Traufkante horizontal gemessen nicht weiter als 1 m entfernt sein.

(5) Ins Freie führende Türen von Gebäuden, die für die Tierhaltung bestimmt sind, müssen nach außen aufschlagen. Ihre Zahl, Höhe und Breite muss so groß sein,

dass die Tiere bei Gefahr ohne Schwierigkeiten ins Freie gelangen können.

§ 36
Umwehrungen und Brüstungen

(1) In, an und auf baulichen Anlagen sind zu umwehren oder mit Brüstungen zu versehen:

1.
Flächen, die im Allgemeinen zum Begehen bestimmt sind und unmittelbar an mehr als 1 m tiefer liegende Flächen angrenzen; dies gilt nicht, wenn die Umwehrung dem Zweck der Flächen widerspricht,

2.
nicht begehbare Oberlichte und Glasabdeckungen in Flächen, die im Allgemeinen zum Begehen bestimmt sind, wenn sie weniger als 0,50 m aus diesen Flächen herausragen,

3.
Dächer oder Dachteile, die zum auch nur zeitweiligen Aufenthalt von Menschen bestimmt sind,

4.
Öffnungen in begehbaren Decken sowie in Dächern oder Dachteilen nach Nummer 3, wenn sie nicht sicher abgedeckt sind,

5.
nicht begehbare Glasflächen in Decken sowie in Dächern oder Dachteilen nach Nummer 3,

6.
die freien Seiten von Treppenläufen, Treppenabsätzen und Treppenöffnungen (Treppenaugen),

7.
Kellerlichtschächte und Betriebsschächte, die an Verkehrsflächen liegen, wenn sie nicht verkehrssicher abgedeckt sind.

(2) In Verkehrsflächen liegende Kellerlichtschächte und Betriebsschächte sind in Höhe der Verkehrsfläche verkehrssicher abzudecken. An und in Verkehrsflächen liegende Abdeckungen müssen gegen unbefugtes Abheben gesichert sein.

(3) Brüstungen mit einer Mindesttiefe von 15 cm zur Umgrenzung von Flächen mit einer Absturzhöhe bis zu 12,0 m müssen mindestens 0,8 m, von Flächen mit mehr als 12,0 m Absturzhöhe mindestens 0,9 m hoch sein. Geringere Brüstungshöhen sind zulässig, wenn durch andere Vorrichtungen wie Geländer die nach Absatz 4 vorgeschriebenen Mindesthöhen eingehalten werden.

(4) Umwehrungen müssen folgende Mindesthöhen haben:

1.
Umwehrungen zur Sicherung von Öffnungen in begehbaren Decken und Dächern sowie Umwehrungen von Flächen mit einer Absturzhöhe von 1 m bis zu 12,0 m: 0,9 m,

2.
Umwehrungen von Flächen mit mehr als 12,0 m Absturzhöhe: 1,1 m.

39

Sechster Abschnitt
Technische Gebäudeausrüstung

§ 37
Aufzüge

(1) Aufzüge im Innern von Gebäuden müssen eigene Fahrschächte haben, um eine Brandausbreitung in andere Geschosse ausreichend lange zu verhindern. In einem Fahrschacht dürfen bis zu drei Aufzüge liegen. Aufzüge ohne eigene Fahrschächte sind zulässig

1.
    innerhalb eines notwendigen Treppenraumes, ausgenommen in Hochhäusern,
2.
    innerhalb von Räumen, die Geschosse überbrücken,
3.
    zur Verbindung von Geschossen, die offen miteinander in Verbindung stehen dürfen,
4.
    in Gebäuden der Gebäudeklassen 1 und 2.

Sie müssen sicher umkleidet sein.

(2) Die Fahrschachtwände müssen als Raum abschließende Bauteile

1.
    in Gebäuden der Gebäudeklasse 5 feuerbeständig und aus nicht brennbaren Baustoffen,
2.
    in Gebäuden der Gebäudeklasse 4 hoch Feuer hemmend,
3.
    in Gebäuden der Gebäudeklasse 3 Feuer hemmend

sein; Fahrschachtwände aus brennbaren Baustoffen müssen schachtseitig eine Bekleidung aus nicht brennbaren Baustoffen in ausreichender Dicke haben. Fahrschachttüren und andere Öffnungen in Fahrschachtwänden mit erforderlicher Feuerwiderstandsfähigkeit sind so herzustellen, dass die Anforderungen nach Absatz 1 Satz 1 nicht beeinträchtigt werden.

(3) Fahrschächte müssen zu lüften sein und eine Öffnung zur Rauchableitung mit einem freien Querschnitt von mindestens 2,5 vom Hundert der Fahrschachtgrundfläche, mindestens jedoch 0,1 m2 haben. Die Lage der Rauchaustrittsöffnungen muss so gewählt werden, dass der Rauchaustritt durch Windeinfluss nicht beeinträchtigt wird.

(4) Gebäude mit einer Höhe nach § 2 Absatz 3 Satz 2 von mehr als 13,0 m müssen Aufzüge in ausreichender Zahl haben. Von diesen Aufzügen muss mindestens ein Aufzug Kinderwagen, Rollstühle, Krankentragen und Lasten aufnehmen können und Haltestellen in allen Geschossen haben. Dieser Aufzug muss von allen Wohnungen in dem Gebäude und von der öffentlichen Verkehrsfläche aus stufenlos erreichbar sein. Haltestellen im obersten Geschoss und in den Kellergeschossen sind nicht erforderlich, wenn sie nur unter besonderen Schwierigkeiten hergestellt werden können.

(5) Fahrkörbe zur Aufnahme einer Krankentrage müssen eine nutzbare

Grundfläche von mindestens 1,1 m x 2,1 m, zur Aufnahme eines Rollstuhls von mindestens 1,1 m x 1,4 m haben; Türen müssen eine lichte Durchgangsbreite von mindestens 0,9 m haben. In einem Aufzug für Rollstühle und Krankentragen darf der für Rollstühle nicht erforderliche Teil der Fahrkorbgrundfläche durch eine verschließbare Tür abgesperrt werden. Vor den Aufzügen muss eine ausreichende Bewegungsfläche vorhanden sein.

§ 38
Sicherheitstechnisch bedeutsame und überwachungsbedürftige Anlagen

Für sicherheitstechnisch bedeutsame und überwachungsbedürftige Anlagen, die weder gewerblichen noch wirtschaftlichen Zwecken dienen und in deren Gefahrenbereich auch keine Arbeitnehmerinnen und Arbeitnehmer beschäftigt werden, gelten die Sachanforderungen und die Festlegungen über erstmalige Prüfungen vor Inbetriebnahme und wiederkehrende Prüfungen nach

1.
   den auf Grund von § 14 des Geräte- und Produktsicherheitsgesetzes vom 6. Januar 2004 (BGBl. I S. 2, 219) erlassenen Verordnungen und

2.
   der Betriebssicherheitsverordnung vom 27. September 2002 (BGBl. I S. 3777), zuletzt geändert am 23. Dezember 2004 (BGBl. I S. 3758, 3813),

sowie der zugehörigen Technischen Regeln sinngemäß.

§ 39
Leitungsanlagen, Installationsschächte und -kanäle

(1) Leitungen dürfen durch Raum abschließende Bauteile, für die eine Feuerwiderstandsfähigkeit vorgeschrieben ist, nur hindurchgeführt werden, wenn eine Brandausbreitung ausreichend lange nicht zu befürchten ist oder Vorkehrungen hiergegen getroffen sind; dies gilt nicht für Decken

1.
   in Gebäuden der Gebäudeklassen 1 und 2,

2.
   innerhalb von Wohnungen,

3.
   innerhalb derselben Nutzungseinheit mit nicht mehr als insgesamt 400 m2 in nicht mehr als zwei Geschossen.

(2) In notwendigen Treppenräumen, in Räumen nach § 33 Absatz 3 Satz 3 und in notwendigen Fluren sind Leitungsanlagen nur zulässig, wenn eine Nutzung als Rettungsweg im Brandfall ausreichend lange möglich ist.

(3) Für Installationsschächte und -kanäle gelten Absatz 1 sowie § 40 Absatz 2 Satz 1 entsprechend.

§ 40
Lüftungsanlagen

(1) Lüftungsanlagen müssen betriebssicher und brandsicher sein; sie dürfen den

ordnungsgemäßen Betrieb von Feuerungsanlagen nicht beeinträchtigen.

(2) Lüftungsleitungen sowie deren Bekleidungen und Dämmstoffe müssen aus nicht brennbaren Baustoffen bestehen; brennbare Baustoffe sind zulässig, wenn ein Beitrag der Lüftungsleitung zur Brandentstehung und Brandweiterleitung nicht zu befürchten ist. Lüftungsleitungen dürfen Raum abschließende Bauteile, für die eine Feuerwiderstandsfähigkeit vorgeschrieben ist, nur überbrücken, wenn eine Brandausbreitung ausreichend lange nicht zu befürchten ist oder wenn Vorkehrungen hiergegen getroffen sind.

(3) Lüftungsanlagen sind so herzustellen, dass sie Gerüche und Staub nicht in andere Räume übertragen.

(4) Lüftungsanlagen dürfen nicht in Abgasanlagen eingeführt werden; die gemeinsame Nutzung von Lüftungsleitungen zur Lüftung und zur Ableitung der Abgase von Feuerstätten ist zulässig, wenn keine Bedenken wegen der Betriebssicherheit und des Brandschutzes bestehen. Die Abluft ist ins Freie zu führen. Nicht zur Lüftungsanlage gehörende Einrichtungen sind in Lüftungsleitungen unzulässig.

(5) Die Absätze 2 und 3 gelten nicht

1.

  für Gebäude der Gebäudeklassen 1 und 2,

2.

  innerhalb von Wohnungen,

3.

  innerhalb derselben Nutzungseinheit mit nicht mehr als 400 m2 in nicht mehr als zwei Geschossen.

(6) Für raumlufttechnische Anlagen und Warmluftheizungen gelten die Absätze 1 bis 5 entsprechend.

§ 41
Feuerungsanlagen, sonstige Anlagen zur Wärmeerzeugung, Brennstoffversorgung

(1) Feuerstätten und Abgasanlagen (Feuerungsanlagen) müssen betriebssicher und brandsicher sein.

(2) Feuerstätten dürfen in Räumen nur aufgestellt werden, wenn nach der Art der Feuerstätte und nach Lage, Größe, baulicher Beschaffenheit und Nutzung der Räume Gefahren nicht entstehen.

(3) Abgase von Feuerstätten sind durch Abgasleitungen, Schornsteine und Verbindungsstücke (Abgasanlagen) so abzuführen, dass keine Gefahren oder unzumutbaren Belästigungen entstehen. Abgasanlagen sind in solcher Zahl und Lage und so herzustellen, dass die Feuerstätten des Gebäudes ordnungsgemäß angeschlossen werden können. Sie müssen leicht gereinigt werden können.

(4) Behälter und Rohrleitungen für brennbare Gase und Flüssigkeiten müssen betriebssicher und brandsicher sein. Diese Behälter sowie feste Brennstoffe sind so aufzustellen oder zu lagern, dass keine Gefahren oder unzumutbaren Belästigungen entstehen.

(5) Für die Aufstellung von ortsfesten Verbrennungsmotoren, Blockheizkraftwerken, Brennstoffzellen und Verdichtern sowie die Ableitung ihrer Verbrennungsgase

gelten die Absätze 1 bis 3 entsprechend.

§ 42
Anlagen zum Sammeln und Beseitigen von Abwasser
(1) Abwassersammelgruben und Kleinkläranlagen müssen wasserdicht und ausreichend groß sein. Sie müssen eine dichte und sichere Abdeckung sowie Reinigungs- und Entleerungsöffnungen haben. Diese Öffnungen dürfen nur vom Freien aus zugänglich sein. Die Anlagen sind so zu entlüften, dass Gesundheitsschäden oder unzumutbare Belästigungen nicht entstehen. Die Zuleitungen zu Abwasserentsorgungsanlagen müssen geschlossen, dicht und, soweit erforderlich, zum Reinigen eingerichtet sein.
(2) Schächte oder Öffnungen, von denen Geruchsbelästigungen ausgehen können, müssen mindestens 5 m von Öffnungen von Aufenthaltsräumen und mindestens 2,50 m von der Grundstücksgrenze entfernt sein.

§ 43
Anlagen für Abfälle
(1) Für bauliche Anlagen und Grundstücke, bei deren Nutzung Abfälle anfallen, sind befestigte und ausreichend bemessene Standplätze oder Abfallbehälterräume zur Aufnahme der Abfall- und Wertstoffsammelbehälter auf dem Grundstück oder, durch Baulast gesichert, auf einem anderen Grundstück herzustellen.
(2) Die Standplätze müssen vor Öffnungen von Aufenthaltsräumen mindestens 5 m entfernt sein. Der Abstand darf bis auf 2 m verringert werden, wenn die Behälter in Müllbehälterschränken untergebracht werden. Die Sätze 1 und 2 gelten nicht, wenn auf dem Grundstück nur Abfall- und Wertstoffsammelbehälter bis zu insgesamt 240 Liter Fassungsvermögen untergebracht werden.
(3) Feste Abfallstoffe dürfen innerhalb von Gebäuden vorübergehend aufbewahrt werden, in Gebäuden der Gebäudeklassen 3 bis 5 jedoch nur, wenn die dafür bestimmten Abfallbehälterräume unmittelbar vom Freien entleert werden können und
1.
    Trennwände und Decken als Raum abschließende Bauteile mit der Feuerwiderstandsfähigkeit der tragenden Wände,
2.
    Öffnungen vom Gebäudeinnern zum Aufstellraum mit Feuer hemmenden, dicht- und selbstschließenden Abschlüssen und
3.
    eine ständig wirksame Lüftung
haben.

§ 43 a
Elektrische Anlagen und Blitzschutzanlagen
(1) Elektrische Anlagen müssen dem Zweck und der Nutzung der baulichen Anlagen entsprechend ausgeführt sowie betriebssicher und brandsicher sein.
(2) Bauliche Anlagen, bei denen nach Lage, Bauart oder Nutzung Blitzschlag leicht

eintreten oder zu schweren Folgen führen kann, sind mit dauernd wirksamen Blitzschutzanlagen zu versehen.

Siebter Abschnitt
Nutzungsbedingte Anforderungen

§ 44
Aufenthaltsräume
(1) Aufenthaltsräume müssen eine lichte Raumhöhe von mindestens 2,4 m haben. Für Aufenthaltsräume in Wohngebäuden der Gebäudeklassen 1 und 2 genügt eine lichte Raumhöhe von mindestens 2,3 m. Aufenthaltsräume in Dachgeschossen müssen über mehr als der Hälfte ihrer Grundfläche eine lichte Höhe von mindestens 2,3 m haben; Raumteile mit einer lichten Höhe bis 1,50 m bleiben bei der Berechnung der Grundfläche außer Betracht.
(2) Aufenthaltsräume müssen ausreichend belüftet und mit Tageslicht belichtet werden können. Sie müssen Fenster mit einem Rohbaumaß der Fensteröffnungen von mindestens einem Achtel der Nettogrundfläche des Raumes einschließlich der Nettogrundfläche verglaster Vorbauten und Loggien haben.
(3) Aufenthaltsräume, die nicht dem Wohnen dienen, sind ohne Fenster zulässig, wenn
1.
    gesundheitliche Belange nicht entgegenstehen und
2.
    eine ausreichende Beleuchtung und Belüftung auf andere Weise sichergestellt ist oder wenn die Nutzung dieses erfordert.

§ 45
Wohnungen
(1) Jede Wohnung muss eine Küche oder einen Kochplatz haben. Fensterlose Kochplätze sind zulässig, wenn eine wirksame Lüftung gewährleistet ist.
(2) Jede Wohnung muss Abstellraum von mindestens 6 m2 Grundfläche haben. In Wohngebäuden der Gebäudeklassen 3 bis 5 sind durch Erweiterung der Grundfläche nach Satz 1 um 2 m2 oder durch gesonderte Abstellräume leicht erreichbare und gut zugängliche Möglichkeiten zum Abstellen für Kinderwagen und Fahrräder herzustellen. Die Grundfläche des gesonderten Abstellraumes nach Satz 2 muss 2 m2 je Wohnung, mindestens jedoch 10 m2 betragen.
(3) Jede Wohnung muss ein Bad mit Badewanne oder Dusche und eine Toilette haben. Fensterlose Bäder und Toiletten sind zulässig, wenn eine wirksame Lüftung gewährleistet ist.
(4) Jede Wohnung muss einen eigenen Wasserzähler haben.
(5) Wohnungen in Kellergeschossen sind unzulässig.
(6) In Wohnungen müssen Schlafräume, Kinderzimmer und Flure, über die Rettungswege von Aufenthaltsräumen führen, jeweils mindestens einen Rauchwarnmelder haben. Die Rauchwarnmelder müssen so eingebaut und

betrieben werden, dass Brandrauch frühzeitig erkannt und gemeldet wird. Vorhandene Wohnungen sind bis zum 31. Dezember 2010 mit Rauchwarnmeldern auszurüsten.

§ 46

(frei)

§ 47

(frei)

§ 48
Stellplätze für Kraftfahrzeuge und Fahrradplätze

(1) Werden bauliche Anlagen sowie andere Anlagen, bei denen ein Zu- und Abfahrtsverkehr zu erwarten ist, errichtet, sind Stellplätze für Kraftfahrzeuge sowie Fahrradplätze auf dem Grundstück oder, durch Baulast gesichert, auf einem geeigneten Grundstück in der Nähe in geeigneter Beschaffenheit herzustellen oder nachzuweisen (notwendige Stellplätze und notwendige Fahrradplätze). Ihre Zahl und Größe richtet sich nach Art und Zahl der vorhandenen und zu erwartenden Kraftfahrzeuge und Fahrräder der ständigen Benutzerinnen und Benutzer und Besucherinnen und Besucher der Anlagen. Bei Änderungen der Anlage und bei Änderung der Nutzung, die nach Maßgabe des Satzes 2 zu Änderungen in Zahl und Größe der notwendigen Stellplätze und notwendigen Fahrradplätze führen, sind nur Stellplätze und Fahrradplätze für den Mehrbedarf als Folge der Änderungen herzustellen.

(1a) Die Verpflichtung zur Herstellung oder zum Nachweis von Stellplätzen für Kraftfahrzeuge gilt abweichend von Absatz 1 nicht für Wohnungen oder Wohnheime. Bei Wohnungen oder Wohnheimen entscheiden die Bauherrinnen und Bauherren in eigener Verantwortung über die Herstellung von Stellplätzen in angemessenem Umfang, wobei sie neben dem Stellplatzbedarf der Bewohnerinnen und Bewohner, den örtlichen Verkehrsverhältnissen, der Anbindung an den öffentlichen Nahverkehr insbesondere die Belange von Menschen mit Mobilitätseinschränkungen berücksichtigen sollen.

(2) Die Unterbringung von Kinderspielflächen sowie von notwendigen Fahrradplätzen auf dem Grundstück hat Vorrang vor der Unterbringung von Stellplätzen.

(3) Notwendige Stellplätze und notwendige Fahrradplätze dürfen nicht für andere als den dafür vorgesehenen Zweck benutzt werden. Einzelne Stellplätze in vorhandenen Garagen dürfen als Fahrradplätze genutzt werden.

(4) Die Herstellung von Stellplätzen kann ganz oder teilweise untersagt werden, wenn

1.

die öffentlichen Wege im Bereich des Grundstücks oder die nächsten Verkehrsknoten durch den Kraftfahrzeugverkehr ständig oder regelmäßig zu bestimmten Zeiten überlastet sind oder ihre Überlastung zu erwarten ist oder

2.

45

das Grundstück durch den öffentlichen Personennahverkehr gut erschlossen ist.

§ 49
Ausgleichsabgabe für Stellplätze und Fahrradplätze

(1) Die Verpflichtung nach § 48 wird durch Zahlung eines Ausgleichsbetrages an die Freie und Hansestadt Hamburg erfüllt, wenn notwendige Stellplätze oder notwendige Fahrradplätze nicht oder nur unter unzumutbaren Schwierigkeiten hergestellt oder nachgewiesen werden können. Für die Verjährung eines festgesetzten Anspruchs gilt § 22 Absatz 3 des Gebührengesetzes vom 5. März 1986 (HmbGVBl. S. 37), zuletzt geändert am 14. Dezember 2010 (HmbGVBl. S. 667), in der jeweils geltenden Fassung entsprechend.

(2) Der Ausgleichsbetrag nach Absatz 1 beträgt

1. für die jeweils ersten drei Stellplätze bei einer
    Nutzungsänderung . . . .   0 Euro
2. für Bauvorhaben in dem in der Anlage 1 rot
    umrandeten Bereich,
    a)   je notwendigem Stellplatz . . . .   10.000 Euro,
    b)   je notwendigem Fahrradplatz . . . .   1.000 Euro,
3. im Übrigen
    a)   je notwendigem Stellplatz . . . .   6.000 Euro,
    b)   je notwendigem Fahrradplatz . . . .   600 Euro.

Der Ausgleichsbetrag ist bis zur Aufnahme der Nutzung des Bauvorhabens zu entrichten.

(3) Die Ausgleichsbeträge nach Absatz 2 und die sich darauf beziehenden Zinsen ruhen auf dem Grundstück als öffentliche Last und, solange das Grundstück mit einem Erbbaurecht belastet ist, auch auf diesem. Die dingliche Haftung kann gegen die jeweilige Eigentümerin bzw. den jeweiligen Eigentümer oder gegen die Erbbauberechtigte bzw. den Erbbauberechtigten geltend gemacht werden. Das gilt auch dann, wenn diese Person nicht persönliche Schuldnerin oder persönlicher Schuldner ist.

(4) Die Ausgleichsbeträge dürfen nur verwendet werden zum Erwerb von Flächen sowie zur Herstellung, Unterhaltung, Grundinstandsetzung und Modernisierung von

1.

    baulichen Anlagen zum Abstellen von Kraftfahrzeugen außerhalb öffentlicher Straßen und von Fahrrädern,

2.

    Verbindungen zwischen Parkeinrichtungen und Haltestellen des öffentlichen Personennahverkehrs,

3.

    Parkleitsystemen und anderen Einrichtungen zur Verringerung des

Parksuchverkehrs sowie für sonstige Maßnahmen zugunsten des ruhenden Verkehrs sowie

4.

Einrichtungen des öffentlichen Personennahverkehrs und von öffentlichen Radverkehrsanlagen.

§ 50

(frei)

§ 51
Sonderbauten

Soweit die Vorschriften dieses Gesetzes oder die auf Grund dieses Gesetzes erlassenen Vorschriften zur Vermeidung oder Beseitigung von Gefahren, erheblichen Nachteilen oder erheblichen Belästigungen nicht ausreichen, können an Sonderbauten nach § 2 Absatz 4 im Einzelfall zur Verwirklichung der allgemeinen Anforderungen nach § 3 Absatz 1, insbesondere zum Brandschutz und zur technischen Gebäudeausrüstung, besondere Anforderungen gestellt werden. Dies gilt auch für bauliche Anlagen, die besonderen Gefährdungen ausgesetzt sein können.

§ 52
Barrierefreies Bauen

(1) In Gebäuden mit mehr als vier Wohnungen müssen die Wohnungen eines Geschosses barrierefrei erreichbar sein. In diesen Wohnungen müssen die Wohn- und Schlafräume, eine Toilette, ein Bad sowie die Küche oder der Kochplatz mit dem Rollstuhl zugänglich sein. § 37 Absatz 4 bleibt unberührt. Die Sätze 1 und 2 gelten nicht, soweit Anforderungen wegen schwieriger Geländeverhältnisse, wegen des Einbaus eines sonst nicht erforderlichen Aufzugs oder wegen ungünstiger vorhandener Bebauung nur mit einem unverhältnismäßigen Mehraufwand erfüllt werden können.

(2) Bauliche Anlagen, die öffentlich zugänglich sind, müssen in den dem allgemeinen Besucherverkehr dienenden Teilen von Menschen mit Behinderungen, alten Menschen und Personen mit Kleinkindern barrierefrei erreicht und ohne fremde Hilfe zweckentsprechend genutzt werden können. Diese Anforderungen gelten insbesondere für

1.

Einrichtungen der Kultur und des Bildungswesens,

2.

Sport- und Freizeitstätten,

3.

Einrichtungen des Gesundheitswesens,

4.

Büro-, Verwaltungs- und Gerichtsgebäude,

5.

Verkaufs-, Gaststätten und Beherbergungsbetriebe,

6.

Stellplätze, Garagen und Toilettenanlagen.

(3) Für bauliche Anlagen und Einrichtungen, die überwiegend oder ausschließlich von Menschen mit Behinderungen, alten Menschen und Personen mit Kleinkindern genutzt werden, wie

1.

Tagesstätten, Werkstätten, Ausbildungsstätten, Heime und Wohnungen für Menschen mit Behinderungen,

2.

Altenheime, Altenwohnheime, Pflegeheime und gleichartige Einrichtungen,

3.

Tagesstätten und Heime für Kleinkinder

gilt Absatz 2 nicht nur für die dem allgemeinen Besucherverkehr dienenden Teile, sondern für alle Teile, die von dem jeweiligen Personenkreis genutzt werden.

(4) Wohnungen nach Absatz 1 sind barrierefrei erreichbar, wenn

1.

Rampen und Flure bis zu den Wohnungen mindestens 1,50 m breit sind,

2.

die Wohnungen durch Haus- und Wohnungseingangstüren mit einer lichten Durchgangsbreite von mindestens 90 cm stufenlos erreichbar sind,

3.

Rampen nicht mehr als 6 vom Hundert geneigt sind und im Abstand von höchstens 6 m ein waagerechter Absatz von mindestens 1,50 m Länge angeordnet ist,

4.

nicht bündig zum Gelände verlaufende Rampen beidseits einen Handlauf und einen Radabweiser haben und

5.

Abfall- und Wertstoffsammelbehälter stufenlos zugänglich sind.

Die Zugänglichkeit mit dem Rollstuhl ist gegeben, wenn

1.

Türen zu den Räumen, an die Anforderungen gestellt werden, eine lichte Durchgangsbreite von mindestens 90 cm haben,

2.

die Bewegungsfläche in Fluren und in der Küche mindestens 1,20 m breit ist und

3.

im Bad vor Waschtisch und Toilette und an einer weiteren Stelle in der Wohnung eine Bewegungsfläche von 1,50 m x 1,50 m vorhanden ist.

VIERTER TEIL
Die am Bau Beteiligten

§ 53
Grundpflichten der am Bau Beteiligten
Bei der Errichtung, Änderung, Nutzungsänderung und der Beseitigung von Anlagen sind die Bauherrin oder der Bauherr und im Rahmen ihres Wirkungskreises die anderen am Bau Beteiligten dafür verantwortlich, dass die öffentlich-rechtlichen Vorschriften eingehalten werden.

§ 54
Bauherrin oder Bauherr
(1) Bauherrin oder Bauherr ist, wer auf eigene Verantwortung eine Anlage vorbereitet oder ausführt oder vorbereiten oder ausführen lässt.

(2) Die Bauherrin oder der Bauherr hat zur Vorbereitung, Überwachung und Ausführung eines nicht verfahrensfreien Vorhabens geeignete Beteiligte nach Maßgabe der §§ 55 bis 57 zu bestellen, soweit sie oder er nicht selbst zur Erfüllung der Verpflichtungen nach diesen Vorschriften geeignet ist. Der Bauherrin oder dem Bauherrn obliegen außerdem die nach den öffentlich-rechtlichen Vorschriften erforderlichen Anträge, Anzeigen und Nachweise. Sie oder er hat vor Baubeginn den Namen der Bauleiterin oder des Bauleiters und während der Bauausführung den Wechsel dieser Person unverzüglich der Bauaufsichtsbehörde mitzuteilen. Wechselt die Bauherrin oder der Bauherr, hat die neue Bauherrin oder der neue Bauherr dies der Bauaufsichtsbehörde unverzüglich mitzuteilen.

(3) Treten bei einem Bauvorhaben mehrere Personen als Bauherrin oder als Bauherr auf, so kann die Bauaufsichtsbehörde verlangen, dass eine Vertreterin oder ein Vertreter bestellt wird, die oder der ihr gegenüber die Verpflichtungen der Bauherrin oder des Bauherrn zu erfüllen hat

§ 55
Entwurfsverfasserin oder Entwurfsverfasser
(1) Entwurfsverfasserin oder Entwurfsverfasser ist, wer mit der selbständigen Planung von Bauvorhaben beauftragt worden ist.

(2) Die Entwurfsverfasserin oder der Entwurfsverfasser muss nach Sachkunde und Erfahrung zur Vorbereitung des jeweiligen Bauvorhabens geeignet sein. Sie oder er ist für die Vollständigkeit und Brauchbarkeit ihres oder seines Entwurfs und dafür, dass der Entwurf den öffentlich-rechtlichen Vorschriften entspricht, verantwortlich. Die Entwurfsverfasserin oder der Entwurfsverfasser hat dafür zu sorgen, dass die für die Ausführung notwendigen Einzelzeichnungen, Einzelberechnungen und Anweisungen den öffentlich-rechtlichen Vorschriften entsprechen.

(3) Hat die Entwurfsverfasserin oder der Entwurfsverfasser auf einzelnen Fachgebieten nicht die erforderliche Sachkunde und Erfahrung, so sind geeignete Fachplanerinnen oder Fachplaner heranzuziehen. Diese sind für die von ihnen gefertigten Unterlagen, die sie zu unterzeichnen haben, verantwortlich. Für das ordnungsgemäße Ineinandergreifen aller Fachplanungen bleibt die Entwurfsverfasserin oder der Entwurfsverfasser verantwortlich.

§ 56
Unternehmerin oder Unternehmer

(1) Unternehmerin oder Unternehmer ist, wer mit der selbstständigen Ausführung von Bau- oder Abbrucharbeiten beauftragt worden ist.

(2) Jede Unternehmerin und jeder Unternehmer ist für die mit den öffentlich-rechtlichen Anforderungen übereinstimmende Ausführung der von ihr oder ihm übernommenen Arbeiten und insoweit für die ordnungsgemäße Einrichtung und den sicheren Betrieb der Baustelle verantwortlich. Sie oder er hat die erforderlichen Nachweise über die Verwendbarkeit der verwendeten Bauprodukte und Bauarten zu erbringen und auf der Baustelle bereitzuhalten.

(3) Jede Unternehmerin und jeder Unternehmer hat auf Verlangen der Bauaufsichtsbehörde für Arbeiten, bei denen die Sicherheit der Anlage in außergewöhnlichem Maße von der besonderen Sachkenntnis und Erfahrung der Unternehmerin oder des Unternehmers oder von einer Ausstattung des Unternehmens mit besonderen Vorrichtungen abhängt, nachzuweisen, dass sie oder er für diese Arbeiten geeignet ist und über die erforderlichen Vorrichtungen verfügt.

§ 57
Bauleiterin oder Bauleiter

(1) Bauleiterin oder Bauleiter ist, wer auf der Baustelle die Bauherrin oder den Bauherrn als sachkundige Person vertritt.

(2) Die Bauleiterin oder der Bauleiter hat darüber zu wachen, dass die Baumaßnahme entsprechend den öffentlich-rechtlichen Anforderungen durchgeführt wird, und die dafür erforderlichen Weisungen zu erteilen. Sie oder er hat im Rahmen dieser Aufgabe auf den sicheren bautechnischen Betrieb der Baustelle, insbesondere auf das gefahrlose Ineinandergreifen der Arbeiten der Unternehmerinnen und Unternehmer zu achten. Die Verantwortlichkeit der Unternehmerinnen und Unternehmer bleibt unberührt.

(3) Die Bauleiterin oder der Bauleiter muss über die für ihre oder seine Aufgabe erforderliche Sachkunde und Erfahrung verfügen. Verfügt sie oder er auf einzelnen Teilgebieten nicht über die erforderliche Sachkunde, so sind geeignete Fachbauleiterinnen oder Fachbauleiter heranzuziehen. Diese treten insoweit an die Stelle der Bauleiterin oder des Bauleiters. Die Bauleiterin oder der Bauleiter hat ihre oder seine Tätigkeit auf die Tätigkeit der Fachbauleiterinnen und der Fachbauleiter abzustimmen.

FÜNFTER TEIL
Bauaufsichtsbehörden, Verfahren

Erster Abschnitt
Bauaufsichtsbehörden

§ 58
Aufgaben und Befugnisse der Bauaufsichtsbehörden,
Erfordernis der Schriftform

(1) Die Bauaufsichtsbehörden haben bei der Errichtung, Änderung, Nutzungsänderung und Beseitigung, bei der Nutzung und Instandhaltung von Anlagen und bei der Teilung von Grundstücken darüber zu wachen, dass die öffentlich-rechtlichen Vorschriften eingehalten werden, soweit nicht andere Behörden zuständig sind. Sie können in Wahrnehmung dieser Aufgaben die erforderlichen Maßnahmen treffen.

(2) Bauaufsichtliche Bescheide und sonstige Maßnahmen gelten auch für und gegen Rechtsnachfolgerinnen und Rechtsnachfolger.

(3) Die mit dem Vollzug dieses Gesetzes beauftragten Personen sind berechtigt, in Ausübung ihres Amtes Grundstücke und Anlagen einschließlich der Wohnungen zu betreten. Das Grundrecht der Unverletzlichkeit der Wohnung (Artikel 13 des Grundgesetzes) wird insoweit eingeschränkt.

(4) Die nach diesem Gesetz und nach den auf Grund dieses Gesetzes erlassenen Vorschriften erforderlichen Anträge, Genehmigungen und Bescheide bedürfen der Schriftform. Anzeigen, Mitteilungen und Unterrichtungen können schriftlich oder elektronisch erfolgen.

Zweiter Abschnitt
Vorsorgende Überwachung

§ 59
Verfahrensgrundsätze

(1) Die Errichtung, Änderung, Nutzungsänderung und die Beseitigung von Anlagen bedürfen der Baugenehmigung, sofern in den §§ 60 ,64 und 66 nichts anderes bestimmt ist. Eine Baugenehmigung entfällt, sofern Entscheidungen in sonstigen Verfahren mit Konzentrationswirkung getroffen werden.

(2) Die Genehmigungsfreiheit nach den §§ 60, 64 und 66 sowie die Beschränkung der bauaufsichtlichen Prüfung nach den § 61, § 62 und § 68 Absatz 2 entbinden nicht von der Verpflichtung zur Einhaltung der Anforderungen, die durch öffentlich-rechtliche Vorschriften an Anlagen gestellt werden, und lassen die bauaufsichtlichen Eingriffsbefugnisse unberührt.

(3) Auf Verlangen der Bauherrin oder des Bauherrn wird für genehmigungsfreie Vorhaben nach § 60 oder § 64 ein Genehmigungsverfahren nach § 61 oder § 62 und für Vorhaben nach § 61 ein Baugenehmigungsverfahren nach § 62 durchgeführt.

§ 60
Verfahrensfreie Vorhaben

(1) Verfahrensfreie Vorhaben sind solche, die weder einer Genehmigung noch einer Zustimmung nach diesem Gesetz bedürfen.

(2) Verfahrensfrei sind die in der Anlage 2 zu diesem Gesetz bezeichneten Vorhaben.

§ 61
Vereinfachtes Genehmigungsverfahren

(1) Ein vereinfachtes Genehmigungsverfahren wird durchgeführt für

1.

die Errichtung, Änderung und Nutzungsänderung von Wohngebäuden, ausgenommen Hochhäuser, einschließlich der zugehörigen Nebenanlagen und Nebengebäude; das gilt auch für überwiegend Wohnzwecken dienende Gebäude mit

a)

Räumen für die Berufsausübung freiberuflich Tätiger und solcher Gewerbetreibender, die ihren Beruf in ähnlicher Weise ausüben, bis jeweils 200 m2 und

b)

sonstigen Nutzungseinheiten bis insgesamt 400 m2 , außer Sonderbauten,

2.

sonstige Gebäude der Gebäudeklassen 1 und 2 einschließlich der zugehörigen Nebenanlagen und Nebengebäude, außer Sonderbauten, und

3.

die Beseitigung baulicher Anlagen.

(2) Die Bauaufsichtsbehörde prüft

1.

die Zulässigkeit des Vorhabens nach den §§ 14 und 29 bis 37 des Baugesetzbuchs (BauGB) in der Fassung vom 23. September 2004 (BGBl. I S. 2415), zuletzt geändert am 31. Juli 2009 (BGBl. I S. 2585, 2617), in der jeweils geltenden Fassung, nach den weiteren Festsetzungen eines Bebauungsplans und nach auf § 172 BauGB gestützten Verordnungen,

1a.

bei Grundstücken im Hafen die Zulässigkeit des Vorhabens nach den §§ 3 und 6 des Hafenentwicklungsgesetzes vom 25. Januar 1982 (HmbGVBl. S. 19), zuletzt geändert am 18. November 2008 (HmbGVBl. S. 390), in der jeweils geltenden Fassung,

2.

die Einhaltung der Abstandsflächen nach § 6, die Einhaltung der Anforderungen des § 10, des § 16 im Hinblick auf schädliche Bodenveränderungen oder Altlasten im Sinne von § 2 des Bundesbodenschutzgesetzes vom 17. März 1998 (BGBl. I S. 502), zuletzt geändert am 9. Dezember 2004 (BGBl. I S. 3214), in der jeweils geltenden Fassung, des § 52 und des § 68,

3.

beantragte Abweichungen im Sinn von § 69,

4.

die Einhaltung der Anforderungen nach §§ 14, 15 und 17 des Bundesnaturschutzgesetzes vom 29. Juli 2009 (BGBl. I S. 2542), in der jeweils geltenden Fassung, in den Fällen, in denen dies nach § 18 Absatz 2 des

Bundesnaturschutzgesetzes vorgesehen ist sowie

5.

bei Gebäuden mit gewerblichen Nutzungen oder mit Tiefgaragen die Einhaltung der Anforderungen nach § 22 des Bundes-Immissionsschutzgesetzes in der Fassung vom 26. September 2002 (BGBl. I S. 3831), zuletzt geändert am 11. August 2010 (BGBl. I S. 1163), in der jeweils geltenden Fassung.

Gesetzlich begründete Zustimmungs- und Einvernehmensvorbehalte bleiben unberührt.

(3) Über den Antrag ist innerhalb einer Frist von zwei Monaten nach Eingang der vollständigen Unterlagen zu entscheiden. Die Bearbeitungsfrist verkürzt sich auf einen Monat für Gebäude der Gebäudeklassen 1 bis 4, die

1.

ausschließlich der Wohnnutzung dienen,

2.

im Geltungsbereich eines Bebauungsplans im Sinne des § 30 Absatz 1 BauGB liegen,

3.

keiner Befreiung oder Abweichung bedürfen,

4.

keiner bauaufsichtlichen Prüfung der bautechnischen Nachweise nach § 68 Absatz 2 unterliegen,

5.

keiner Prüfung der Zulässigkeit nach § 172 BauGB bedürfen,

6.

auf einem Grundstück errichtet werden, für das keine Erkenntnisse im Altlasthinweiskataster über schädliche Bodenveränderungen oder Altlasten vorliegen und

7.

keiner Prüfung der Einhaltung der Anforderungen des § 22 des Bundes-Immissionsschutzgesetzes unterliegen.

Im Einvernehmen mit der Bauherrin oder dem Bauherrn können die Fristen nach den Sätzen 1 und 2 verlängert werden. Die Genehmigung gilt als erteilt, wenn sie nicht innerhalb der Fristen nach den Sätzen 1 bis 3 versagt wurde. Nach Ablauf der jeweiligen Frist wird der Bauherrin oder dem Bauherrn der Eintritt der Genehmigungsfiktion bestätigt. Sofern auf Grund gesetzlicher Bestimmungen die Zustimmung oder das Einvernehmen einer anderen Behörde einzuholen ist, treten die Rechtsfolgen nach den Sätzen 1 bis 5 nicht vor Ablauf einer Woche nach Eingang der Erklärung der anderen Behörde ein.

§ 62
Baugenehmigungsverfahren mit Konzentrationswirkung

(1) Im Baugenehmigungsverfahren mit Konzentrationswirkung prüft die Bauaufsichtsbehörde die Zulässigkeit nach

1.

den Vorschriften des Baugesetzbuchs und den auf Grund des

Baugesetzbuchs erlassenen Vorschriften,

2.

den Vorschriften dieses Gesetzes und den auf Grund dieses Gesetzes erlassenen Vorschriften,

3.

anderen öffentlich-rechtlichen Vorschriften, soweit diese für das Vorhaben beachtlich sind; ausgenommen sind die Vorschriften zur Genehmigung nach den §§ 6 und 7 des Atomgesetzes in der jeweils geltenden Fassung sowie Vorschriften, die eine Prüfung im förmlichen Verfahren vorsehen.

Die Bauaufsichtsbehörde hat über den Antrag innerhalb einer Frist von drei Monaten nach Eingang der vollständigen Unterlagen zu entscheiden; im Fall des § 70 Absatz 6 Satz 1 zweiter Halbsatz ist das Vorliegen der vervollständigten Unterlagen maßgebend für den Fristbeginn. Die Frist kann im Einvernehmen mit der Bauherrin oder dem Bauherrn verlängert werden.

(2) § 68 Absatz 2 bleibt unberührt.

§ 63
Vorbescheid

Einer Bauherrin oder einem Bauherrn ist auf Antrag zu einzelnen Fragen des Vorhabens ein Bescheid (Vorbescheid) zu erteilen. Die §§ 70, 71 und § 72 Absätze 1 bis 4 gelten entsprechend.

§ 64
Zustimmungsverfahren

(1) Genehmigungsbedürftige Vorhaben bedürfen keiner Genehmigung und Bauüberwachung, wenn

1.

die Leitung der Entwurfsarbeiten und die Bauüberwachung einer Baudienststelle des Bundes oder der Länder übertragen ist und

2.

die Baudienststelle mindestens mit einer Beamtin oder einem Beamten mit der Befähigung zum höheren technischen Verwaltungsdienst und mit sonstigen geeigneten Fachkräften ausreichend besetzt ist.

Solche baulichen Anlagen bedürfen jedoch der Zustimmung der Bauaufsichtsbehörde.

(2) Den Beamtinnen oder Beamten des höheren technischen Verwaltungsdienstes werden gleichgestellt

1.

technische Angestellte mit abgeschlossener Hochschulausbildung (Diplom-Ingenieurinnen oder Diplom-Ingenieure) des Hochbau- oder Bauingenieurwesens und mindestens dreijähriger Berufspraxis,

2.

andere technische Angestellte des Hochbau- oder Bauingenieurwesens mit einer der Entgeltgruppen von Entgeltgruppe 12 des Tarifvertrages für den öffentlichen Dienst der Länder (TV-L) aufwärts und mit mindestens fünfjähriger

Berufspraxis,

3.

Beamtinnen und Beamte des gehobenen technischen Verwaltungsdienstes von Technischer Amtfrau bzw. vom Technischen Amtmann aufwärts, die von der Leiterin oder dem Leiter der Baudienststelle für die Vorbereitung und Ausführung von Vorhaben bestellt sind.

(3) Der Antrag auf Zustimmung ist bei der Bauaufsichtsbehörde einzureichen. Die Bauaufsichtsbehörde prüft die Zulässigkeit des Vorhabens nach

1.

den Vorschriften des Baugesetzbuchs und auf Grund des Baugesetzbuchs,

2.

den Vorschriften dieses Gesetzes und auf Grund dieses Gesetzes mit Ausnahme der Einhaltung der Anforderungen an die Standsicherheit, den Wärmeschutz, die Energieeinsparung, den Schallschutz, den Erschütterungsschutz sowie die technische Ausführung der für den Brandschutz bedeutsamen Anlagen der technischen Gebäudeausrüstung,

3.

anderen öffentlich-rechtlichen Vorschriften, soweit diese für das Vorhaben beachtlich sind und eine Zulässigkeitsentscheidung nicht vorsehen.

Sie entscheidet über Ausnahmen, Befreiungen und Abweichungen. Für das Zustimmungsverfahren und die Zustimmung gelten die Vorschriften dieses Gesetzes sinngemäß.

(4) Die öffentliche Bauherrin oder der öffentliche Bauherr trägt die Verantwortung, dass Entwurf und Ausführung des Vorhabens den öffentlich-rechtlichen Vorschriften und dem Zustimmungsbescheid entsprechen.

(5) Für bauliche Anlagen, die der Landesverteidigung dienen, finden die Absätze 1 bis 3 keine Anwendung. Sie sind der Bauaufsichtsbehörde vor Baubeginn in geeigneter Weise zur Kenntnis zu bringen. Im Übrigen wirken die Bauaufsichtsbehörden nicht mit.

§ 65
Typengenehmigung

(1) Für bauliche Anlagen, die in derselben Ausführung an mehreren Stellen errichtet werden sollen, führt die Bauaufsichtsbehörde auf Antrag eine Typenprüfung durch. Eine Typengenehmigung wird erteilt, wenn die baulichen Anlagen oder Bauteile den Anforderungen nach diesem Gesetz oder nach auf dieses Gesetz gestützten Rechtsvorschriften entsprechen und die Brauchbarkeit für den jeweiligen Verwendungszweck nachgewiesen ist. Eine Typengenehmigung kann auch erteilt werden für bauliche Anlagen, die in unterschiedlicher Ausführung, aber nach einem bestimmten System und aus bestimmten Bauteilen an mehreren Stellen errichtet werden sollen; in der Typengenehmigung ist die zulässige Veränderbarkeit festzulegen.

(2) Die Typengenehmigung darf nur für eine bestimmte Frist erteilt werden, die fünf Jahre nicht überschreiten soll. Die Frist kann auf Antrag jeweils bis zu fünf Jahren verlängert werden. Weitere Nebenbestimmungen können festgelegt werden.

(3) Typengenehmigungen anderer Länder im Geltungsbereich des Grundgesetzes

gelten auch in der Freien und Hansestadt Hamburg.

(4) Eine Typengenehmigung entbindet nicht von der Verpflichtung, eine jeweils erforderliche Baugenehmigung oder Zustimmung einzuholen. Die in der Typengenehmigung entschiedenen Fragen brauchen dabei von der Bauaufsichtsbehörde nicht mehr geprüft zu werden.

§ 66
Genehmigung Fliegender Bauten

(1) Fliegende Bauten sind bauliche Anlagen, die geeignet und bestimmt sind, an verschiedenen Orten wiederholt aufgestellt und zerlegt zu werden. Baustelleneinrichtungen und Baugerüste gelten nicht als Fliegende Bauten.

(2) Fliegende Bauten bedürfen, bevor sie erstmals aufgestellt und in Gebrauch genommen werden, einer Ausführungsgenehmigung; diese ist zu erteilen, wenn die Anforderungen nach diesem Gesetz eingehalten werden.

(3) Zuständig für die Erteilung der Ausführungsgenehmigung ist die Bauaufsichtsbehörde der Freien und Hansestadt Hamburg, wenn

1.
    die Antragstellerin oder der Antragsteller ihren oder seinen Wohnsitz oder ihre oder seine gewerbliche Niederlassung in der Freien und Hansestadt Hamburg hat,

2.
    die Antragstellerin oder der Antragsteller ihren oder seinen Wohnsitz oder ihre oder seine gewerbliche Niederlassung außerhalb der Bundesrepublik Deutschland hat und der Fliegende Bau erstmals in der Freien und Hansestadt Hamburg aufgestellt und in Gebrauch genommen werden soll.

(4) Die Ausführungsgenehmigung wird für eine bestimmte Frist erteilt, die höchstens fünf Jahre betragen soll. Sie kann auf Antrag von der nach Absatz 3 zuständigen Behörde jeweils bis zu fünf Jahren verlängert werden; § 73 Absatz 3 Satz 2 gilt entsprechend. Die Ausführungsgenehmigung wird in ein Prüfbuch eingetragen, dem eine Ausfertigung der mit einem Genehmigungsvermerk zu versehenden Bauvorlagen beizufügen ist. Ausführungsgenehmigungen anderer Länder im Geltungsbereich des Grundgesetzes gelten auch in der Freien und Hansestadt Hamburg.

(5) Die Inhaberin oder der Inhaber der Ausführungsgenehmigung hat den Wechsel ihres oder seines Wohnsitzes oder ihrer oder seiner gewerblichen Niederlassung oder die Übertragung eines Fliegenden Baues an Dritte der Bauaufsichtsbehörde mitzuteilen. Diese Änderung wird von der nach Absatz 3 zuständigen Behörde in das Prüfbuch eingetragen.

(6) Fliegende Bauten, die nach Absatz 2 Satz 1 einer Ausführungsgenehmigung bedürfen, dürfen unbeschadet anderer Vorschriften nur in Gebrauch genommen werden, wenn die Aufstellung der örtlich zuständigen Bauaufsichtsbehörde unter Vorlage des Prüfbuches angezeigt ist. Die Bauaufsichtsbehörde kann die Inbetriebnahme dieser Fliegenden Bauten von einer Gebrauchsabnahme durch Sachkundige abhängig machen. Das Ergebnis der Abnahme ist in das Prüfbuch einzutragen. In der Ausführungsgenehmigung kann bestimmt werden, dass Anzeigen nach Satz 1 nicht erforderlich sind, wenn eine Gefährdung im Sinne des

§ 3 Absatz 1 nicht zu erwarten ist.

(7) Die für die Erteilung der Gebrauchsabnahme zuständige Bauaufsichtsbehörde kann Auflagen machen oder die Aufstellung oder den Gebrauch Fliegender Bauten untersagen, soweit dies nach den örtlichen Verhältnissen oder zur Abwehr von Gefahren erforderlich ist, insbesondere weil die Betriebssicherheit oder Standsicherheit nicht oder nicht mehr gewährleistet ist oder weil von der Ausführungsgenehmigung abgewichen wird. Wird die Aufstellung oder der Gebrauch auf Grund von Mängeln am Fliegenden Bau untersagt, so ist dies in das Prüfbuch einzutragen. Wenn innerhalb einer angemessenen Frist ordnungsgemäße Zustände nicht hergestellt worden sind, ist das Prüfbuch einzuziehen und der Bauaufsichtsbehörde zuzuleiten, die das Prüfbuch ausgestellt hat.

(8) Bei Fliegenden Bauten, die von Besucherinnen und von Besuchern betreten und längere Zeit an einem Aufstellungsort betrieben werden, kann die für die Gebrauchsabnahme zuständige Bauaufsichtsbehörde aus Gründen der Sicherheit weitere Besichtigungen und Nachabnahmen durchführen. Das Ergebnis der Nachabnahme ist in das Prüfbuch einzutragen.

(9) § 70 Absätze 1 bis 3 und § 78 Absätze 1 und 2 gelten entsprechend.

§ 67
Bauvorlageberechtigung

(1) Bauvorlagen für das nicht verfahrensfreie Errichten und Ändern von Vorhaben müssen von einer Entwurfsverfasserin oder einem Entwurfsverfasser, die oder der bauvorlageberechtigt ist, unterschrieben sein. Dies gilt nicht für Bauvorlagen, die üblicherweise von Fachkräften mit anderer Ausbildung als nach den Absätzen 2 bis 5 verfasst werden.

(2) Bauvorlageberechtigt ist, wer
1.
   auf Grund des Hamburgischen Architektengesetzes vom 11. April 2006 (HmbGVBl. S. 157) in der jeweils geltenden Fassung die Berufsbezeichnung „Architektin" oder „Architekt" zu führen berechtigt ist,
2.
   in der Liste der bauvorlageberechtigten Ingenieurinnen und bauvorlageberechtigten Ingenieure nach § 15 des Hamburgischen Gesetzes über das Ingenieurwesen vom 10. Dezember 1996 (HmbGVBl. S. 321), zuletzt geändert am 18. November 2008 (HmbGVBl. S. 384, 387), in der jeweils geltenden Fassung, oder in der entsprechenden Liste eines anderen Bundeslandes eingetragen ist oder
3.
   auf Grund des Hamburgischen Gesetzes über das Ingenieurwesen als Angehörige oder Angehöriger der Fachrichtungen Architektur, Hochbau oder Bauingenieurwesen die Berufsbezeichnung „Ingenieurin" oder „Ingenieur" führen darf, eine praktische Tätigkeit von mindestens drei Jahren in der Fachrichtung ausgeübt hat und im Dienst einer Person des öffentlichen Rechts steht, nur für die dienstliche Tätigkeit.

(3) Bauvorlageberechtigt für Wohngebäude der Gebäudeklassen 1 und 2 sind auch
1.

die Angehörigen der Fachrichtungen Architektur, Hochbau oder Bauingenieurwesen, die an einer deutschen Hochschule, Fachhochschule oder einer als gleichwertig anerkannten Lehranstalt das Studium erfolgreich abgeschlossen haben,

2.

die Meisterinnen und Meister des Maurer-, Zimmerer- oder des Beton- und Stahlbetonbauerhandwerks,

3.

die staatlich geprüften Technikerinnen und staatlich geprüften Techniker der Fachrichtung Bautechnik.

Personen, die ihren Wohnsitz, ihre Niederlassung oder ihren Beschäftigungsort in einem anderen Mitgliedstaat der Europäischen Union oder einem nach dem Recht der Europäischen Gemeinschaften gleichgestellten Staat haben, sind nach Satz 1 bauvorlageberechtigt, wenn sie über eine Ausbildung verfügen, die den in Satz 1 genannten Ausbildungen gleichwertig ist.

(4) Bauvorlageberechtigt für den mit der Berufsaufgabe der Innenarchitektin oder des Innenarchitekten verbundenen Umbau oder Ausbau von Gebäuden ist auch, wer auf Grund des Hamburgischen Architektengesetzes in der jeweils geltenden Fassung die Berufsbezeichnung „Innenarchitektin" oder „Innenarchitekt" zu führen berechtigt ist.

(5) Bauvorlageberechtigt für Freianlagen im Zusammenhang mit dem Errichten und Ändern von Gebäuden ist auch, wer auf Grund des Hamburgischen Architektengesetzes in der jeweils geltenden Fassung die Berufsbezeichnung „Landschaftsarchitektin" oder „Landschaftsarchitekt" zu führen berechtigt ist.

§ 68
Bautechnische Nachweise und ihre Prüfung

(1) Die Einhaltung der Anforderungen an die Standsicherheit, den Brandschutz einschließlich der hierfür bedeutsamen Anlagen der technischen Gebäudeausrüstung, den Wärmeschutz und die Energieeinsparung sowie an den Schallschutz und den Erschütterungsschutz ist für genehmigungs- und zustimmungsbedürftige Vorhaben nach näherer Maßgabe der Verordnung auf Grund § 81 Absatz 6 nachzuweisen (bautechnische Nachweise). Zu den für den Brandschutz bedeutsamen Anlagen der technischen Gebäudeausrüstung gehören insbesondere Rauch- und Wärmeabzugsanlagen, Lüftungsanlagen und Starkstromanlagen sowie CO-Überwachungsanlagen, Brandmeldeanlagen, Alarmierungsanlagen, Feuerlöschanlagen, Schutzvorhänge, Wandhydranten, technische Anlagen zur Unterstützung des Funkverkehrs (Gebäudefunkanlagen) und eine Sicherheitsstromversorgung.

(2) Im vereinfachten Genehmigungsverfahren nach § 61 Absatz 1 bei

1.

Wohngebäuden

a)

der Gebäudeklassen 2 und 3 mit Tiefgaragen,

b)

der Gebäudeklasse 3, die nicht freistehen,

c)

   der Gebäudeklassen 4 und 5 und

d)

   mit sonstigen Nutzungseinheiten nach § 61 Absatz 1 Nummer 1 von mehr
   als insgesamt 200 m2 ,

2.

   sonstigen Gebäuden, ausgenommen freistehende Gebäude mit
   Nutzungseinheiten von insgesamt nicht mehr als 200 m2 ,
   und im Baugenehmigungsverfahren nach § 62 werden die bautechnischen
   Nachweise zur Standsicherheit, zum Wärmeschutz, zur Energieeinsparung
   und zum Brandschutz einschließlich der Anforderungen an Rettungswege
   bauaufsichtlich geprüft. Die Bauaufsichtsbehörde kann bei Vorhaben von
   geringer sicherheitlicher Bedeutung auf eine Prüfung der bautechnischen
   Nachweise zur Standsicherheit verzichten.

(3) Bei der Beseitigung von Gebäuden der Gebäudeklassen 3 bis 5 und baulichen
Anlagen von mehr als 15 m Gesamthöhe wird die sichere Abbruchfolge
bauaufsichtlich geprüft. Sofern Gebäude der Gebäudeklassen 3 bis 5 an das zu
beseitigende Gebäude angrenzen, ist deren Standsicherheit ebenfalls
bauaufsichtlich zu prüfen.

§ 69
Abweichungen

(1) Die Bauaufsichtsbehörde kann Abweichungen von Anforderungen dieses
Gesetzes und auf Grund dieses Gesetzes erlassenen Vorschriften zulassen, wenn

1.

   sie unter Berücksichtigung des Zwecks der jeweiligen Anforderung und unter
   Würdigung der öffentlich-rechtlich geschützten nachbarlichen Belange mit den
   öffentlichen Belangen, insbesondere den Anforderungen des § 3 Absatz 1,
   vereinbar sind oder

2.

   Gründe des Wohls der Allgemeinheit die Abweichung erfordern.
   § 3 Absatz 3 Satz 3 bleibt unberührt.

(2) Die Zulassung von Abweichungen nach Absatz 1, von Ausnahmen und
Befreiungen nach § 31 BauGB oder von Abweichungen nach § 34 Absatz 3 a
BauGB ist gesondert zu beantragen; der Antrag ist zu begründen. Für Vorhaben,
die keiner Genehmigung bedürfen, sowie für Abweichungen von Vorschriften, die
im Genehmigungsverfahren nicht geprüft werden, gilt Satz 1 entsprechend.

§ 70
Bauantrag, Bauvorlagen; Beteiligung anderer Stellen

(1) Der Bauantrag ist unter Angabe, ob ein Verfahren nach § 61 oder nach § 62
durchgeführt werden soll, bei der Bauaufsichtsbehörde einzureichen.

(2) Der Eingang der Unterlagen ist innerhalb von zwei Wochen nach Antragstellung
zu bestätigen; sofern Unterlagen fehlen, sind diese zu benennen. Mit dem
Bauantrag sind alle für die Beurteilung des Vorhabens und die Bearbeitung des

Bauantrags erforderlichen Unterlagen (Bauvorlagen) einzureichen. Bauvorlagen können nach näherer Maßgabe der Rechtsverordnung nach § 81 Absatz 6 in der jeweils geltenden Fassung nachgereicht werden; sie bleiben dann bei der Beurteilung der Vollständigkeit der Unterlagen und der an diese geknüpften Fristen nach § 61 Absatz 3 und § 62 Absatz 1 außer Betracht.

(3) Weist der Bauantrag erhebliche Mängel auf, fordert die Bauaufsichtsbehörde die Bauherrin oder den Bauherrn zur Behebung der Mängel innerhalb einer angemessenen Frist auf. Werden die Mängel innerhalb der Frist nicht behoben, gilt der Antrag als zurückgenommen.

(4) In besonderen Fällen kann zur Beurteilung der Einwirkung des Bauvorhabens auf die Umgebung verlangt werden, dass es in geeigneter Weise auf dem Baugrundstück dargestellt wird.

(5) Die Bauaufsichtsbehörde holt unverzüglich die Stellungnahmen der Behörden und Stellen ein, deren Zustimmung oder Einvernehmen zur Baugenehmigung erforderlich ist, deren Entscheidung wegen der Baugenehmigung entfällt oder deren Aufgabenbereich durch das Vorhaben berührt wird.

(6) Die Stellungnahmen der beteiligten Behörden und Stellen sind innerhalb eines Monats nach Eingang der vollständigen Unterlagen abzugeben, soweit nicht andere Fristen durch Rechtsvorschrift vorgesehen sind; sofern die für die fachliche Stellungnahme erforderlichen Unterlagen zu vervollständigen sind, beginnt die Frist mit dem Vorliegen der vervollständigten Unterlagen. Geht die Stellungnahme nicht innerhalb der vorgeschriebenen Frist ein, so soll die Bauaufsichtsbehörde davon ausgehen, dass die von den Behörden und Stellen wahrzunehmenden öffentlichen Belange der Erteilung der Baugenehmigung nicht entgegenstehen. Bedarf die Erteilung der Baugenehmigung der Zustimmung oder des Einvernehmens einer anderen Behörde oder sonstigen Stelle, so gilt diese als erteilt, wenn sie nicht innerhalb der Frist nach Satz 1 verweigert wird.

§ 71
Nachbarliche Belange

(1) Die Belange der Eigentümerinnen und Eigentümer sowie der Erbbauberechtigten angrenzender oder betroffener Grundstücke (Nachbarn) sind nach den Absätzen 2 und 3 zu berücksichtigen.

(2) Die Zustimmung der Eigentümerinnen und Eigentümer sowie der Erbbauberechtigten des angrenzenden Grundstückes ist erforderlich bei Abweichungen von den Anforderungen:

1.
an Abstandsflächen, und zwar des § 6 Absatz 5, soweit die Mindesttiefe von 2,50 m unterschritten werden soll; § 6 Absatz 6 Nummer 3 bleibt unberührt,

2.
an die Lage der Standplätze für Abfallbehälter und Wertstoffbehälter, und zwar des § 43 Absatz 2, soweit der Mindestabstand zu Öffnungen von Aufenthaltsräumen auf angrenzenden Grundstücken unterschritten werden soll.

(3) Vor Erteilung von Befreiungen von den Festsetzungen eines Bebauungsplans oder vor Abweichungen von § 6 dieses Gesetzes beteiligt die Bauaufsichtsbehörde

die Eigentümerinnen und Eigentümer sowie Erbbauberechtigten angrenzender oder betroffener Grundstücke, wenn zu erwarten ist, dass öffentlich-rechtlich geschützte nachbarliche Belange berührt werden. Einwendungen sind innerhalb von zwei Wochen nach Zugang des Beteiligungsschreibens bei der Bauaufsichtsbehörde schriftlich oder zur Niederschrift vorzubringen. Wird den Einwendungen eines Nachbarn nicht entsprochen, so ist ihm die Entscheidung über die Befreiung oder die Abweichung zuzustellen. Sofern Einwendungen innerhalb dieser Frist nicht bei der Bauaufsichtsbehörde eingehen, sind sie ausgeschlossen. Auf den Ausschluss der Einwendungen sind die Nachbarn hinzuweisen. Die Beteiligung nach Satz 1 entfällt, wenn die zu beteiligenden Nachbarn die Lagepläne und Bauzeichnungen unterschrieben oder dem Bauvorhaben auf andere Weise zugestimmt haben.

§ 72
Baugenehmigung

(1) Die Baugenehmigung ist zu erteilen, wenn dem Vorhaben keine öffentlich-rechtlichen Vorschriften entgegenstehen, die im bauaufsichtlichen Genehmigungsverfahren zu prüfen sind. Sie wird innerhalb der gesetzlichen Fristen, gegebenenfalls unter dem Vorbehalt ergänzender Genehmigungen, erteilt.

(2) Die Baugenehmigung schließt andere die Anlage betreffende behördliche Entscheidungen ein, sofern solche nach den im Baugenehmigungsverfahren zu prüfenden öffentlich-rechtlichen Vorschriften erforderlich sind. Diese sind zu benennen.

(3) Die Baugenehmigung kann mit Nebenbestimmungen versehen und unter dem Vorbehalt der nachträglichen Aufnahme, Änderung oder Ergänzung einer Auflage erteilt werden.

(4) Die Baugenehmigung wird unbeschadet der Rechte Dritter erteilt.

(5) Auf Antrag kann eine Genehmigung für einen Teil der Anlage erteilt werden, wenn eine vorläufige Beurteilung ergibt, dass der Errichtung der gesamten Anlage keine von vornherein unüberwindlichen Hindernisse im Hinblick auf die Genehmigungsvoraussetzungen entgegenstehen (Teilbaugenehmigung). Die Bindungswirkung der vorläufigen Gesamtbeurteilung entfällt, wenn eine Änderung der Sach- oder Rechtslage oder Einzelprüfungen im Rahmen späterer Teilgenehmigungen zu einer abweichenden Beurteilung führen.

§ 72 a
Baubeginn

(1) Mit der Bauausführung, der Beseitigung baulicher Anlagen oder mit der Ausführung des jeweiligen Bauabschnitts darf erst begonnen werden, wenn

1.
    die Baugenehmigung der Bauherrin oder dem Bauherrn zugegangen ist und

2.
    die Baubeginnanzeige der Bauaufsichtsbehörde vorliegt.

(2) Vor Baubeginn eines Gebäudes müssen die Grundfläche abgesteckt und seine Höhenlage festgelegt und gekennzeichnet sein.

(3) Die Baugenehmigungen und Bauvorlagen einschließlich der bautechnischen Nachweise müssen an der Baustelle von Baubeginn an vorliegen.

(4) Die Bauherrin oder der Bauherr hat den Ausführungsbeginn genehmigungsbedürftiger Vorhaben und die Wiederaufnahme der Bauarbeiten nach einer Unterbrechung von mehr als drei Monaten mindestens eine Woche vorher der Bauaufsichtsbehörde mitzuteilen (Baubeginnanzeige).

§ 73
Geltungsdauer der Baugenehmigung und des Vorbescheids

(1) Die Baugenehmigung und die Teilbaugenehmigung erlöschen, wenn innerhalb von drei Jahren nach ihrer Erteilung mit der Ausführung des Vorhabens nicht begonnen oder die Bauausführung länger als ein Jahr unterbrochen worden ist.

(2) Der Vorbescheid gilt zwei Jahre.

(3) Die Fristen nach den Absätzen 1 und 2 können auf Antrag jeweils bis zu einem Jahr verlängert werden. Sie können auch rückwirkend verlängert werden, wenn der Antrag vor Fristablauf bei der Bauaufsichtsbehörde eingegangen ist.

Dritter Abschnitt
Bauaufsichtliche Maßnahmen, Bauüberwachung,
Baulasten

§ 74
Inanspruchnahme von Nachbargrundstücken

(1) Die Grundeigentümerinnen und Grundeigentümer sind verpflichtet, das Betreten ihrer Grundstücke und das Aufstellen der erforderlichen Gerüste sowie die Vornahme von Arbeiten zu dulden, soweit dies zur Errichtung, Änderung oder Unterhaltung von Anlagen auf den Nachbargrundstücken erforderlich ist.

(2) Grenzt ein Gebäude unmittelbar an ein höheres Gebäude auf einem Nachbargrundstück, so hat die Eigentümerin oder der Eigentümer des höheren Gebäudes zu dulden, dass die erforderlichen Schornsteine und Lüftungsleitungen des niedrigeren Gebäudes an der Grenzwand des höheren Gebäudes befestigt und instand gehalten werden.

(3) Wird ein Gebäude an ein niedrigeres Gebäude auf einem Nachbargrundstück angebaut, so hat die Eigentümerin oder der Eigentümer des neu errichteten höheren Gebäudes dafür zu sorgen, dass das Dach des vorhandenen niedrigeren Gebäudes dicht an die Wand des höheren Gebäudes angeschlossen wird. Die Eigentümerin oder der Eigentümer des vorhandenen niedrigeren Gebäudes hat dabei zu dulden, dass der erforderliche dichte Anschluss auch durch übergreifende Bauteile hergestellt wird.

(4) Soll eine bauliche Anlage tiefer als eine bereits vorhandene angrenzende Nachbarbebauung gegründet werden, so hat die Eigentümerin oder der Eigentümer der bestehenden baulichen Anlage die Unterfangung zu dulden, wenn und soweit diese zur Erhaltung der Standsicherheit der bestehenden baulichen Anlage erforderlich ist.

(5) Kommt hinsichtlich der Absätze 1 bis 4 eine Einigung zwischen den Beteiligten

nicht zustande, so kann die Bauaufsichtsbehörde die entsprechenden Anordnungen erlassen.

(6) Die Bauherrin oder der Bauherr haben Arbeiten, die eine Duldungspflicht auslösen, mindestens zwei Wochen vor Ausführungsbeginn der Nachbarin oder dem Nachbarn mitzuteilen. Die Mitteilung ist nicht erforderlich, wenn die Arbeiten zur Abwendung einer unmittelbaren Gefahr notwendig sind.

(7) Die Bauherrin oder der Bauherr ist der Nachbarin oder dem Nachbarn zum Ersatz jeden Schadens verpflichtet, der aus Maßnahmen aus den Absätzen 1 bis 4 entsteht. Auf Verlangen der Nachbarin oder des Nachbarn ist vor Beginn der Ausführung in Höhe des voraussichtlich entstehenden Schadens Sicherheit zu leisten; die Sicherheitsleistung ist nicht erforderlich, wenn die Arbeiten zur Abwendung einer unmittelbaren Gefahr notwendig sind.

§ 74 a
Verbot unrechtmäßig gekennzeichneter Bauprodukte
Sind Bauprodukte entgegen § 22 mit dem Ü-Zeichen gekennzeichnet, kann die Bauaufsichtsbehörde die Verwendung dieser Bauprodukte untersagen und deren Kennzeichnung entwerten oder beseitigen lassen.

§ 75
Einstellung von Arbeiten
(1) Werden Anlagen im Widerspruch zu öffentlich-rechtlichen Vorschriften errichtet, geändert oder beseitigt, so kann die Bauaufsichtsbehörde die Einstellung der Arbeiten anordnen. Dies gilt auch dann, wenn

1.
   die Ausführung eines Vorhabens entgegen den Vorschriften des § 72 a begonnen wurde,

2.
   bei der Ausführung eines Vorhabens von den genehmigten Bauvorlagen abgewichen wird,

3.
   Bauprodukte verwendet werden, die entgegen § 20 Absatz 1 keine CE-Kennzeichnung oder Ü-Zeichen tragen, oder

4.
   Bauprodukte verwendet werden, die unberechtigt mit der CE-Kennzeichnung (§ 20 Absatz 1 Satz 1) oder dem Ü-Zeichen (§ 22 Absatz 4) gekennzeichnet sind.

Die Einstellung kann auch mündlich angeordnet werden.

(2) Werden unzulässige Arbeiten trotz einer Einstellung fortgesetzt, so kann die Bauaufsichtsbehörde die Baustelle versiegeln oder die an der Baustelle vorhandenen Bauprodukte, Geräte, Maschinen und Bauhilfsmittel in amtlichen Gewahrsam bringen.

§ 76
Herstellung ordnungsgemäßer Zustände

(1) Werden Anlagen im Widerspruch zu öffentlich-rechtlichen Vorschriften errichtet oder geändert, so kann die Bauaufsichtsbehörde die teilweise oder vollständige Beseitigung der Anlage anordnen, wenn nicht auf andere Weise rechtmäßige Zustände hergestellt werden können. Werden Anlagen im Widerspruch zu öffentlich-rechtlichen Vorschriften genutzt, so kann diese Nutzung untersagt werden.

(2) Die Bauaufsichtsbehörde kann anordnen, dass

1.

verwahrloste oder durch Beschriftung und Bemalung verunstaltete Bau- und Werbeanlagen oder Teile von ihnen ganz oder teilweise in Stand gesetzt werden, dass ihr Anstrich erneuert oder dass die Fassade gereinigt wird; ist eine Instandsetzung nicht möglich, so kann die Bauaufsichtsbehörde die Beseitigung der Anlage verlangen,

2.

Grundstücke aufgeräumt oder ordnungsgemäß hergerichtet werden oder dass endgültig nicht mehr genutzte Anlagen beseitigt oder dauerhaft gesichert werden,

3.

Sachen, insbesondere Fahrzeuge, Schutt und Gerümpel, auf unbebauten Grundstücken und Grundstücksteilen nicht oder nur unter bestimmten Vorkehrungen aufgestellt oder gelagert werden.

(3) Die Bauaufsichtsbehörde kann verlangen, dass bestehende bauliche Anlagen den Anforderungen dieses Gesetzes oder den auf Grund dieses Gesetzes erlassenen Vorschriften angepasst werden, soweit dies wegen einer Gefährdung der Sicherheit oder Gesundheit notwendig ist. Dies gilt auch für die Herstellung von Folgeeinrichtungen auf den Grundstücken, wie Kinderspielplätze, Standplätze für Abfall- und Wertstoffbehälter sowie Stellplätze für Kraftfahrzeuge und Fahrradplätze, wenn geeignete Flächen verfügbar sind. Bei wesentlicher Änderung baulicher Anlagen kann gefordert werden, dass auch die von der Änderung nicht berührten Teile der baulichen Anlage an die Anforderungen dieses Gesetzes oder der auf Grund dieses Gesetzes erlassenen Vorschriften angepasst werden, wenn dies keine unzumutbaren Mehrkosten verursacht.

(4) Werden durch Veränderung der Grenzen bebauter Grundstücke Verhältnisse geschaffen, die öffentlich-rechtlichen Vorschriften zuwiderlaufen, so kann die Bauaufsichtsbehörde verlangen, dass ein rechtmäßiger Zustand hergestellt wird.

§ 77
Bauzustandsanzeigen, Aufnahme der Nutzung

(1) Die Bauaufsichtsbehörde kann verlangen, dass ihr Beginn und Beendigung bestimmter Bauarbeiten angezeigt werden. Die Bauarbeiten dürfen erst fortgesetzt werden, wenn die Bauaufsichtsbehörde der Fortführung der Bauarbeiten zugestimmt hat.

(2) Die Bauherrin oder der Bauherr hat die beabsichtigte Aufnahme der Nutzung einer nicht verfahrensfreien baulichen Anlage mindestens zwei Wochen vorher der

Bauaufsichtsbehörde anzuzeigen. Eine bauliche Anlage darf erst benutzt werden, wenn sie selbst, Zufahrtswege, Anlagen zur Wasserversorgung und Abwasserentsorgung sowie Gemeinschaftsanlagen in dem erforderlichen Umfang sicher benutzbar sind, nicht jedoch vor dem in Satz 1 bezeichneten Zeitpunkt. Die Bauherrin oder der Bauherr hat die Errichtung von Abgasanlagen der Bezirksschornsteinfegermeisterin oder dem Bezirksschornsteinfegermeister rechtzeitig anzuzeigen. Feuerstätten, ortsfeste Verbrennungsmotoren und Blockheizkraftwerke dürfen erst dann in Betrieb genommen werden, wenn die Bezirksschornsteinfegermeisterin oder der Bezirksschornsteinfegermeister die Tauglichkeit und sichere Benutzbarkeit der Abgasanlagen bescheinigt hat.

§ 78
Bauüberwachung
(1) Die Bauaufsichtsbehörde kann bei der Bauausführung und der Beseitigung baulicher Anlagen die Einhaltung der öffentlich-rechtlichen Vorschriften und Anforderungen und die ordnungsgemäße Erfüllung der Pflichten der am Bau Beteiligten überwachen.
(2) Im Rahmen der Bauüberwachung können Proben von Bauprodukten, soweit erforderlich, auch aus fertigen Bauteilen zu Prüfzwecken entnommen werden.
(3) Den mit der Überwachung beauftragten Personen ist jederzeit Einblick in die Bescheide und Genehmigungen, Zulassungen, Prüfzeugnisse, Übereinstimmungszertifikate, Zeugnisse und Aufzeichnungen über die Prüfungen von Bauprodukten in die Bautagebücher und andere vorgeschriebene Aufzeichnungen zu gewähren. Die Bauherrin oder der Bauherr hat für die Besichtigungen und die damit verbundenen möglichen Prüfungen die erforderlichen Arbeitskräfte und Geräte bereitzustellen

§ 79
Baulasten, Baulastenverzeichnis
(1) Durch Erklärung gegenüber der Bauaufsichtsbehörde können Grundstückseigentümerinnen und Grundstückseigentümer sowie Erbbauberechtigte mit Zustimmung der Grundstückseigentümerin oder des Grundstückseigentümers öffentlich-rechtliche Verpflichtungen zu einem ihre Grundstücke betreffenden Handeln, Dulden oder Unterlassen übernehmen, die sich nicht schon aus öffentlich-rechtlichen Vorschriften ergeben (Baulasten). Baulasten werden unbeschadet der Rechte Dritter mit der Eintragung in das Baulastenverzeichnis wirksam und wirken auch gegenüber der Rechtsnachfolgerin oder dem Rechtsnachfolger. Steht das Grundstück im öffentlichen Eigentum, kann die Bestellung einer Baulast durch eine Erlaubnis nach § 19 HWG, die für den Zeitraum der regelmäßigen Standdauer vergleichbarer baulicher Anlagen erteilt wird, oder die Erteilung einer vergleichbaren öffentlich-rechtlichen Gestattung ersetzt werden.
(2) Die Unterschrift unter die Erklärung nach Absatz 1 muss amtlich oder öffentlich beglaubigt oder vor der Bauaufsichtsbehörde geleistet werden.
(3) Die Baulast geht durch schriftlichen Verzicht der Bauaufsichtsbehörde unter.

Der Verzicht ist zu erklären, wenn ein öffentliches Interesse an der Baulast nicht mehr besteht. Vor dem Verzicht sollen die durch die Baulast Verpflichteten und Begünstigten angehört werden. Der Verzicht wird mit der Löschung der Baulast im Baulastenverzeichnis wirksam.

(4) Das Baulastenverzeichnis wird von der Bauaufsichtsbehörde geführt. Das Baulastenverzeichnis begründet eine widerlegbare Vermutung für den Bestand und Umfang der eingetragenen Baulast. Ein Rechtsanspruch auf Übernahme in das Baulastenverzeichnis besteht nicht.

(5) Wer ein berechtigtes Interesse darlegt, kann in das Baulastenverzeichnis Einsicht nehmen oder sich Ablichtungen fertigen lassen.

SECHSTER TEIL
Ordnungswidrigkeiten, Rechtsverordnungen,
Übergangs- und Schlussvorschriften

§ 80
Ordnungswidrigkeiten

(1) Ordnungswidrig handelt, wer vorsätzlich oder fahrlässig

1.

bei der Errichtung oder dem Betrieb einer Baustelle entgegen § 14 Absatz 1 Gefährdungen oder vermeidbare Belästigungen herbeiführt oder entgegen § 14 Absatz 2 erforderliche Schutzmaßnahmen unterlässt,

2.

Bauprodukte entgegen § 20 Absatz 1 Satz 1 Nummer 1 ohne das Ü-Zeichen oder entgegen § 20 Absatz 1 Satz 1 ohne das CE-Zeichen verwendet,

3.

nicht geregelte Bauarten entgegen § 21 Absatz 1 ohne allgemeine bauaufsichtliche Zulassung, allgemeines bauaufsichtliches Prüfzeugnis oder Zustimmung im Einzelfall anwendet,

4.

Bauprodukte mit dem Ü-Zeichen kennzeichnet, ohne dass die Voraussetzungen des § 22 Absatz 4 vorliegen,

5.

den Pflichten als Bauherrin oder Bauherr (§ 54 Absatz 2), als Entwurfsverfasserin oder Entwurfsverfasser (§ 55 Absatz 2), als Unternehmerin oder Unternehmer (§ 56 Absatz 2), als Bauleiterin oder Bauleiter (§ 57 Absatz 2) oder als deren Vertretung zuwiderhandelt,

6.

Fliegende Bauten ohne Ausführungsgenehmigung (§ 66 Absatz 2) oder ohne Anzeige und Abnahme (§ 66 Absatz 6) in Gebrauch nimmt,

7.

ohne die erforderliche Baugenehmigung (§ 72 Absätze 1 und 2) oder Teilbaugenehmigung (§ 72 Absatz 5) oder abweichend von der erteilten Genehmigung oder ohne die erforderliche Ausnahme, Befreiung oder Abweichungsentscheidung Anlagen errichtet, aufstellt, anbringt, ändert, benutzt oder beseitigt,

8.

entgegen § 72 a Absatz 1 vor Zugang der Baugenehmigung oder ohne dass die Baubeginnsanzeige nach § 72 a Absatz 4 der Bauaufsichtsbehörde vorliegt, mit der Bauausführung oder mit der Ausführung des jeweiligen Bauabschnitts beginnt,

9.

entgegen § 72 a Absatz 2 mit der Bauausführung eines Gebäudes beginnt, ohne dass die Grundfläche abgesteckt und seine Höhenlage festgelegt und gekennzeichnet ist,

10.

entgegen § 72 a Absatz 3 nicht von Baubeginn an Baugenehmigungen, Bauvorlagen sowie bautechnische Nachweise an der Baustelle vorhält,

11.

entgegen § 72 a Absatz 4 die Baubeginnsanzeige nicht mindestens eine Woche vor Ausführungsbeginn genehmigungsbedürftiger Vorhaben und vor Wiederaufnahme der Bauarbeiten nach einer Unterbrechung von mehr als drei Monaten mitteilt,

12.

entgegen § 77 Absatz 1 Satz 1 Beginn und Beendigung bestimmter Bauarbeiten nicht anzeigt,

13.

entgegen § 77 Absatz 1 Satz 2 bestimmte Bauarbeiten ohne Zustimmung fortführt,

14.

entgegen § 77 Absatz 2 Satz 2 bauliche Anlagen benutzt,

15.

entgegen § 77 Absatz 2 Satz 4 Feuerungsanlagen oder ortsfeste Verbrennungsmotoren und Blockheizkraftwerke ohne die erforderliche Bescheinigung der Bezirksschornsteinfegermeisterin oder des Bezirksschornsteinfegermeisters über die sichere Benutzbarkeit der Abgasanlagen und Leitung in Betrieb nimmt,

16.

einer nach diesem Gesetz erlassenen oder als auf Grund dieses Gesetzes erlassen geltenden Rechtsverordnung zuwiderhandelt, sofern die Rechtsverordnung für einen bestimmten Tatbestand auf diese Bußgeldvorschrift verweist.

(2) Ordnungswidrig handelt auch, wer wider besseres Wissen unrichtige Angaben macht oder unrichtige Pläne oder Unterlagen vorlegt, um einen nach diesem Gesetz vorgesehenen Verwaltungsakt zu erwirken oder zu verhindern.

(3) Die Ordnungswidrigkeit kann mit einer Geldbuße bis zu 100.000 Euro geahndet werden.

(4) Ist eine Ordnungswidrigkeit nach Absatz 1 Nummern 2 bis 4 begangen worden, so können Gegenstände, auf die sich die Ordnungswidrigkeit bezieht, eingezogen werden. § 23 des Gesetzes über Ordnungswidrigkeiten in der Fassung vom 19. Februar 1987 (BGBl. I S. 603), zuletzt geändert am 9. Dezember 2004 (BGBl. I S.

3220, 3229), ist anzuwenden.

§ 81
Rechtsverordnungen

(1) Zur Verwirklichung der in § 3 bezeichneten allgemeinen Anforderungen wird der Senat ermächtigt, durch Rechtsverordnung Vorschriften zu erlassen über

1.
   die nähere Bestimmung allgemeiner Anforderungen in den §§ 4 bis 52,

2.
   die äußere Gestaltung von Anlagen zur Durchführung baugestalterischer Absichten in bestimmten, genau abgegrenzten bebauten oder unbebauten Teilen des Gebietes der Freien und Hansestadt Hamburg; dabei können sich die Vorschriften über Werbeanlagen auch auf deren Art, Größe und Anbringungsort erstrecken,

3.
   den Nachweis der Befähigung der in § 20 Absatz 5 genannten Personen; dabei können Mindestanforderungen an die Ausbildung, die durch Prüfung nachzuweisende Befähigung und die Ausbildungsstätten einschließlich der Anerkennungsvoraussetzungen gestellt werden,

4.
   die Überwachung von Tätigkeiten mit einzelnen Bauprodukten nach § 20 Absatz 6; dabei können für die Überwachungsstellen über die in § 23 festgelegten Mindestanforderungen hinaus weitere Anforderungen im Hinblick auf die besonderen Eigenschaften und die besondere Verwendung der Bauprodukte gestellt werden,

5.
   besondere Anforderungen oder Erleichterungen, die sich aus der besonderen Art oder Nutzung der baulichen Anlagen nach § 51 für Errichtung, Änderung, Unterhaltung, Betrieb und Benutzung ergeben sowie über die Anwendung solcher Anforderungen auf bestehende bauliche Anlagen dieser Art,

6.
   Erst-, Wiederholungs- und Nachprüfung von Anlagen, die zur Verhütung erheblicher Gefahren oder Nachteile ständig ordnungsgemäß unterhalten werden müssen, und die Erstreckung dieser Nachprüfungspflicht auf bestehende Anlagen,

soweit sich aus Absatz 11 nicht etwas anderes ergibt.

(2) Der Senat wird ermächtigt, durch Rechtsverordnung für bestimmte Gebiete eine bestimmte Heizungsart oder den Anschluss von Gebäuden an gemeinsame Heizungsanlagen bestimmter Art oder an eine Fernheizung und die Benutzung dieser Einrichtungen vorzuschreiben, um Gefahren, unzumutbare Belästigungen oder sonstige Nachteile durch Luftverunreinigungen zu vermeiden oder zur Sicherung der örtlichen Energieversorgung und zur allgemeinen Energieersparnis sowie zum umfassenden Schutz der Umwelt, soweit sich aus Absatz 11 nicht etwas anderes ergibt. In der Rechtsverordnung sind Abweichungen vom Anschluss- und Benutzungsgebot in Fällen vorzusehen, in denen auch unter Berücksichtigung der Erfordernisse des Gemeinwohls Anschluss und Benutzung unzumutbar sind.

(3) Der Senat wird ermächtigt, Rechtsverordnungen, die auf die Verordnung über Baugestaltung vom 10. November 1936 (Reichsgesetzblatt I S. 938) oder zugleich auf die Baupflegesatzung für die Freie und Hansestadt Hamburg vom 14. September 1939 (Sammlung des bereinigten hamburgischen Landesrechts I 21301-b) gestützt sind, aufzuheben oder nach Absatz 1 Nummer 2 zu ändern. Das gilt auch, soweit Vorschriften zugleich auf § 20 a des Gesetzes, betreffend das Verhältnis der Verwaltung zur Rechtspflege, vom 23. April 1879 (Sammlung des bereinigten hamburgischen Landesrechts I 20100-b) gestützt sind.

(4) Der Senat wird ermächtigt, durch Rechtsverordnung die Befugnisse zur

1.
Bekanntmachung der Bauregellisten A und B (§ 20 Absätze 3 und 7) einschließlich der zu treffenden Festlegungen nach § 20 Absatz 7, § 20 b Absatz 1, § 22 Absatz 2 Satz 2 und § 22 a Absatz 2,

2.
Bekanntmachung von Bauprodukten nach § 20 Absatz 3 Satz 2 (Liste C),

3.
Entscheidung über allgemeine bauaufsichtliche Zulassungen und deren öffentliche Bekanntmachung (§ 20 a und § 21),

4.
Anerkennung von Prüf-, Zertifizierungs- und Überwachungsstellen (§ 23 Absätze 1 und 3),

5.
Erteilung von Typengenehmigungen anhand von Typenprüfungen (§ 65) auf nicht zur unmittelbaren Verwaltung der Freien und Hansestadt Hamburg gehörende Behörden zu übertragen. Die in Satz 1 genannten Befugnisse können auch auf eine Behörde eines anderen Landes übertragen werden, die der Aufsicht einer obersten Bauaufsichtsbehörde untersteht oder an deren Willensbildung die Freie und Hansestadt Hamburg mitwirkt. Die in Satz 1 Nummern 1 und 2 genannten Befugnisse dürfen nur im Einvernehmen mit der Bauaufsichtsbehörde ausgeübt werden.

(5) Der Senat wird ermächtigt, durch Rechtsverordnung

1.
das Ü-Zeichen (§ 22 Absatz 4) festzulegen und zu diesem Zeichen zusätzliche Angaben zu verlangen,

2.
das Anerkennungsverfahren nach § 23 Absatz 1, die Voraussetzungen für die Anerkennung, ihre Rücknahme, ihren Widerruf und ihr Erlöschen zu regeln, insbesondere auch Altersgrenzen festzulegen, sowie eine ausreichende Haftpflichtversicherung zu fordern.

(6) Der Senat wird ermächtigt, zum bauaufsichtlichen Verfahren durch Rechtsverordnung Vorschriften zu erlassen über

1.
die erforderlichen Anträge, Anzeigen, Nachweise und die in diesem Zusammenhang erforderlichen Unterschriften,

2.
Umfang, Inhalt und Zahl der Bauvorlagen und die in diesem Zusammenhang

erforderlichen Unterschriften,

3.

das Verfahren im Einzelnen,

4.

das Erheben und Verarbeiten personenbezogener Daten zum Zweck der Erfüllung der bauaufsichtlichen Aufgaben nach § 58, insbesondere die Übermittlung im Rahmen der notwendigen Beteiligung anderer öffentlicher Stellen, sowie die Übermittlung an sonstige Stellen, soweit diese die Daten zur Erfüllung der ihnen obliegenden öffentlichen Aufgaben benötigen. Dabei sind Art, Umfang, Empfängerinnen und Empfänger der zu übermittelnden Daten sowie die Zwecke der Verwendung und die Dauer der Speicherung zu bestimmen.

Dabei können für verschiedene Arten von Vorhaben unterschiedliche Anforderungen und Verfahren festgelegt werden.

(7) Der Senat wird ermächtigt, durch Rechtsverordnung die Anlage 2 (Anlage zu § 60) zu ändern, soweit die Verwirklichung der allgemeinen Anforderungen nach § 3 nicht gefährdet wird.

(8) Der Senat wird ermächtigt, durch Rechtsverordnung Vorschriften für Sachverständige zu erlassen über

1.

die Fachbereiche, in denen die Sachverständigen tätig werden,

2.

die Anforderungen an die Sachverständigen, insbesondere in Bezug auf deren Ausbildung, Fachkenntnisse, Berufserfahrung, persönliche Zuverlässigkeit sowie Fort- und Weiterbildung,

3.

das Verfahren der Anerkennung sowie die Voraussetzungen für die Anerkennung, ihren Widerruf, ihre Rücknahme und ihr Erlöschen,

4.

die Festsetzung einer Altersgrenze,

5.

das Erfordernis einer ausreichenden Haftpflichtversicherung,

6.

die Überwachung der Sachverständigen,

7.

die Vergütung der Sachverständigen.

(9) Der Senat wird ermächtigt, durch Rechtsverordnung Vorschriften zu erlassen über Prüfingenieurinnen und Prüfingenieure, denen im Auftrag der Bauaufsichtsbehörde bauaufsichtliche Prüfaufgaben und Aufgaben der Bauüberwachung übertragen werden können.

(10) Der Senat wird ermächtigt, durch Rechtsverordnung zu bestimmen, dass für bestimmte Typengenehmigungen sowie für bestimmte Fliegende Bauten die Aufgaben der Bauaufsichtsbehörde nach §§ 65 und 66 ganz oder teilweise auf andere Stellen übertragen werden, und die Vergütung dieser Stellen zu regeln.

(11) Der Senat wird ermächtigt, durch Rechtsverordnung die Verordnungsermächtigung nach Absatz 1 Nummer 2 und Absatz 2 für die Fälle auf

die Bezirksämter zu übertragen, in denen die örtlich zuständigen Bezirksversammlungen den Verordnungsentwürfen zugestimmt haben. Die Verordnungen bedürfen in diesen Fällen vor ihrem Erlass durch das Bezirksamt der Genehmigung der zuständigen Behörde. Die Bürgerschaft beschließt Vorschriften nach Absatz 1 Nummer 2 und Absatz 2 durch Gesetz, wenn die örtlich zuständige Bezirksversammlung dem Verordnungsentwurf nicht zugestimmt oder nicht binnen vier Monaten nach Vorlage des Entwurfes zur Abstimmung über ihre Zustimmung entschieden hat.

§ 82
Aufhebung und Änderung von Vorschriften
Es treten außer Kraft:
1.
  die Hamburgische Bauordnung vom 1. Juli 1986 (HmbGVBl. S. 183) in der geltenden Fassung,
2.
  das Hamburgische Gesetz zur Erleichterung des Wohnungsbaus vom 18. Juli 2001 (HmbGVBl. S. 221, 223),
3.
  das Gesetz über die Höhe des Ausgleichsbetrages für Stellplätze und Fahrradplätze vom 15. April 1992 (HmbGVBl. S. 81) in der geltenden Fassung,
4.
  die Bauanzeigeverordnung vom 18. Mai 1993 (HmbGVBl. S. 99) in der geltenden Fassung,
5.
  die Baufreistellungsverordnung vom 5. Januar 1988 (HmbGVBl. S. 1) in der geltenden Fassung.

§ 83
Inkrafttreten; Übergangsbestimmungen;
Fortgeltung von Vorschriften
(1) Dieses Gesetz tritt am ersten Tage des vierten auf die Verkündung folgenden Monats in Kraft. Die Vorschriften über die Ermächtigung zum Erlass von Rechtsverordnungen treten am Tage nach der Verkündung in Kraft.
(2) Dieses Gesetz gilt für Vorhaben, für die nach seinem Inkrafttreten Genehmigungsanträge gestellt werden, sowie für genehmigungsfreie Vorhaben, mit deren Ausführung nach dem Inkrafttreten des Gesetzes begonnen wird. Ist über einen Antrag beim Inkrafttreten dieses Gesetzes noch nicht entschieden worden, so kann die Antragstellerin oder der Antragsteller verlangen, dass die Entscheidung nach diesem Gesetz getroffen wird.
(3) § 39 Absatz 3 Sätze 2 und 3 der Hamburgischen Bauordnung in der bis zum 31. März 2006 geltenden Fassung gilt fort.
(4) Soweit in diesem Gesetz an die Festsetzung von Baugebieten Rechtsfolgen geknüpft werden, gelten diese auch für die entsprechenden Baugebiete in den

nach § 173 Absatz 3 Satz 1 des Bundesbaugesetzes übergeleiteten Bebauungsplänen und in Bebauungsplänen nach dem Bundesbaugesetz, bei denen der erste Tag der öffentlichen Auslegung in die Zeit zwischen dem 29. Oktober 1960 und dem 31. Juli 1962 fiel.

(5) Soweit in landesrechtlichen Rechtsvorschriften auf die nach § 82 außer Kraft getretenen Vorschriften verwiesen ist, finden an ihrer Stelle die maßgeblichen Bestimmungen dieses Gesetzes oder der auf Grund dieses Gesetzes erlassenen Vorschriften entsprechende Anwendung.

(6) *(Änderungsanweisung)*

(7) Der Senat berichtet der Bürgerschaft bis zum 31. Dezember 2008 über die Erfahrungen bei der Durchführung dieses Gesetzes.

Ausgefertigt Hamburg, den 14. Dezember 2005.

Der Senat

ANLAGE 1

Innenstadtbereich nach § 49 Absatz 2

ANLAGE 2

(zu § 60)

Verfahrensfreie Vorhaben nach § 60

Hinweis: Für die nachfolgenden Vorhaben ist eine Genehmigung der Bauaufsichtsbehörden nicht erforderlich. Inhaltliche Anforderungen, die durch öffentlich-rechtliche Vorschriften an diese Vorhaben gestellt werden, sind zu beachten. Zulassungsentscheidungen nach anderen Vorschriften als der Hamburgischen Bauordnung und der auf diese gestützten Vorschriften sind einzuholen.

Bauaufsichtliche Eingriffsbefugnisse bleiben bei Verstößen gegen diese Vorschriften unberührt.

Sofern von dieser Anlage erfasste Vorhaben Teil eines Vorhabens sind, das in einem Verfahren nach § 61, § 62 oder § 64 zu prüfen ist, werden sie in das jeweilige Verfahren einbezogen.

Übersicht

I

Errichtung und Änderungen von Anlagen

1. Gebäude und Überdachungen

2. Technische Gebäudeausrüstung

3. Anlagen der Ver- und Entsorgung

4. Masten, Antennen und ähnliche Anlagen

5. Behälter

6. Mauern und Einfriedigungen

7. Verkehrsanlagen

8. Aufschüttungen und Abgrabungen

9. Anlagen in Gärten und zur Freizeitgestaltung

10. Tragende und nicht tragende Bauteile

11. Werbeanlagen und Automaten

12. Vorübergehend aufgestellte oder benutzbare Anlagen

13. Plätze

14. Container

15. Sonstige Anlagen

II
Änderung der Nutzung
III
Beseitigung von Anlagen
IV
Instandhaltungsarbeiten

I
Errichtung und Änderung von Anlagen

1.

Gebäude und Überdachungen:

1.1

ein eingeschossiges Gebäude ohne Aufenthaltsräume bis 30 m³ umbauten Raum je zugehörigem Hauptgebäude, außer im Außenbereich,

1.2

eine Garage mit einer Wandhöhe bis zu 3,0 m und einer Bruttogrundfläche bis zu 50 m² je zugehörigem Hauptgebäude, außer im Außenbereich; die Fläche von Stellplätzen nach Nummer 13.2 ist anzurechnen,

1.3

Gebäude ohne Feuerungsanlagen mit einer traufseitigen Wandhöhe bis zu 5,0 m, die einem land- oder forstwirtschaftlichen Betrieb oder einem Betrieb der gartenbaulichen Erzeugung dienen, höchstens 100 m² Bruttogrundfläche haben und nur zur Unterbringung von Sachen oder zum vorübergehenden Schutz von Tieren bestimmt sind,

1.4

Gewächshäuser auf landwirtschaftlich oder erwerbsgärtnerisch genutzten Flächen mit höchstens 100 m² Grundfläche und

-

bis zu 4,50 m Firsthöhe,

-

bis zu 6,0 m Firsthöhe, wenn eine Typengenehmigung nach § 65 vorliegt;

nicht freigestellt sind Foliengewächshäuser mit Feuerstätten,

1.5

Fahrgastunterstände, die dem öffentlichen Personenverkehr oder der Schülerbeförderung dienen,

1.6

Schutzhütten für Wanderer, die jedermann zugänglich sind und keine Aufenthaltsräume haben,

1.7

Überdachungen von Terrassen mit einer Fläche bis zu 30 m2 und einer Tiefe bis zu 3,0 m vor Erdgeschossen sowie untergeordnete Überdachungen wie zum Beispiel Hauseingangsüberdachungen,

1.8

Gartenlauben in Kleingartenanlagen mit einer Grundfläche von höchstens 24 m2 ,

1.9

Wochenendhäuser in festgesetzten Wochenendhausgebieten;

2.

Technische Gebäudeausrüstung:

2.1

Abgasanlagen in und an Gebäuden sowie freistehende Abgasanlagen mit einer Höhe bis zu 10,0 m ab Geländeoberfläche,

2.2

Solarenergieanlagen und Sonnenkollektoren in und an Dach- und Außenwandflächen sowie gebäudeunabhängig mit einer Höhe bis zu 3,0 m und einer Gesamtlänge bis zu 9,0 m,

2.3

sonstige Anlagen der technischen Gebäudeausrüstung;

3.

Anlagen der Ver- und Entsorgung:

3.1

Brunnen,

3.2

Anlagen, die der öffentlichen Versorgung mit Telekommunikation, Elektrizität, Gas, Öl oder Wärme dienen, mit einer Höhe bis zu 5,0 m und einer Bruttogrundfläche bis zu 10 m2 ,

3.3

Grundstücksentwässerungsanlagen;

4.

Masten, Antennen und ähnliche Anlagen:

4.1

unbeschadet der Nummer 3.2 Antennen einschließlich der Masten mit einer Höhe bis zu 10,0 m und zugehöriger Versorgungseinheiten mit einem Bruttorauminhalt bis zu 10 m3 sowie, soweit sie in, auf oder an einer bestehenden baulichen Anlage errichtet werden, die damit verbundene Änderung der Nutzung oder der äußeren Gestalt der Anlage,

4.2

74

Masten und Unterstützungen für Fernsprechleitungen, für Leitungen zur Versorgung mit Elektrizität, für Seilbahnen und für Leitungen sonstiger Verkehrsmittel, für Sirenen, für Überwachungskameras und für Fahnen,

4.3

Signalhochbauten für die Landesvermessung,

4.4

Flutlichtmasten auf zugelassenen Sportstätten mit einer Höhe bis zu 10,0 m, außer im Außenbereich,

4.5

Windenergieanlagen in festgesetzten Gewerbe- und Industriegebieten sowie im Hafennutzungsgebiet, mit einer Gesamthöhe bis zu 15 m über Geländeoberfläche;

5.

Behälter:

5.1

ortsfeste Behälter für Flüssiggas mit einem Fassungsvermögen von weniger als 3 t, für nicht verflüssigte Gase mit einem Bruttorauminhalt bis zu 6 m3 ,

5.2

ortsfeste Behälter für brennbare oder wassergefährdende Flüssigkeiten mit einem Bruttorauminhalt bis zu 10 m3 ,

5.3

ortsfeste Behälter sonstiger Art mit einem Bruttorauminhalt bis zu 50 m3 und einer Höhe bis zu 3,0 m,

5.4

Gärfutterbehälter mit einer Höhe bis zu 6,0 m und Schnitzelgruben,

5.5

Fahrsilos, Kompost- und ähnliche Anlagen, außer im Außenbereich,

5.6

Wasserbecken mit einem Beckeninhalt bis zu 100 m3 ,

5.7

Behälter zum Sammeln wieder verwertbarer Abfallstoffe wie Altpapier und Altglas bis zu 10 m3 Größe auf öffentlichen Wegen, Grünflächen oder öffentlich genutzten Privatflächen,

5.8

Standplätze für Wertstoff- und Abfallbehälter einschließlich der zugehörigen Müllbehälterschränke,

5.9

Briefkästen, Behälter und Schränke, die zu Zwecken der Postannahme bzw. Postverteilung aufgestellt werden;

6.

Mauern und Einfriedigungen:

6.1

Mauern einschließlich Stützmauern und Einfriedigungen mit einer Höhe bis zu 2,0 m, außer im Außenbereich,

6.2

offene, sockellose Einfriedigungen für Grundstücke, die einem land- oder forstwirtschaftlichen Betrieb oder einem Betrieb der gartenbaulichen Erzeugung dienen;

7.

Verkehrsanlagen:
Private Verkehrsanlagen einschließlich Brücken und Durchlässe mit einer lichten Weite bis zu 5,0 m und Untertunnelungen mit einem Durchmesser bis zu 3,0 m;

8.

Aufschüttungen und Abgrabungen:

8.1

bis insgesamt 50 m2 Grundfläche,

8.2

von mehr als 50 m2 bis zu 400 m2 Grundfläche und bis zu 2 m Höhe oder Tiefe, soweit nicht an bauliche Anlagen angeschüttet oder an baulichen Anlagen abgegraben wird,

8.3

im Hafennutzungsgebiet bis zu der von der Wasserbehörde festgelegten Höhe des Hochwasserschutzes (Bemessungswasserstand plus Wellenauflauf), sofern sie die Hamburg Port Authority zur hochwassersicheren Aufhöhung von Flächen durchführt,

8.4

ohne Flächen- oder Höhenbegrenzung, sofern die Aufschüttungen oder Abgrabungen einschließlich ihrer Höhe oder Tiefe in einem Bebauungsplan oder in einem Verfahren nach § 14 des Hafenentwicklungsgesetzes festgelegt sind;

9.

Anlagen in Gärten und zur Freizeitgestaltung:

9.1

Schwimmbecken mit einem Beckeninhalt bis zu 100 m3, außer im Außenbereich und in Kleingartenanlagen,

9.2

Sprungschanzen, Sprungtürme und Rutschbahnen mit einer Höhe bis zu 10 m in Badeanstalten, ansonsten bis zu 3 m,

9.3

Anlagen, die der zweckentsprechenden Einrichtung von Spiel-, Abenteuerspiel-, Bolz- und Sportplätzen, Reit- und Wanderwegen, Trimm- und Lehrpfaden dienen, ausgenommen Gebäude und Tribünen,

9.4

Wohnwagen, Zelte und bauliche Anlagen, die keine Gebäude sind, auf Camping-, Zelt- und Wochenendplätzen,

9.5

Anlagen, die der Gartennutzung, der Gartengestaltung oder der zweckentsprechenden Einrichtung von Gärten dienen,

9.6

Boots- und Badestege, soweit sie nicht - auch nicht vorübergehend - allgemein zugänglich sind und keine Aufbauten haben,

9.7

Maßnahmen zur inneren Erschließung von öffentlichen Freizeit- und Parkanlagen sowie von Kleingartenanlagen,

9.8

Saunaanlagen, die nicht gewerblichen oder öffentlichen Zwecken dienen;

10.

Tragende und nicht tragenden Bauteile:

10.1

nicht tragende und nicht aussteifende Bauteile in baulichen Anlagen,

10.2

die Änderung tragender oder aussteifender Bauteile innerhalb von Wohngebäuden der Gebäudeklassen 1 und 2,

10.3

Türen und Fenster, einschließlich Dachflächenfenster, sowie die dafür bestimmten Öffnungen,

10.4

Verblendungen, Außenwandverkleidungen und Wärmedämmverbundsysteme bei Gebäuden der Gebäudeklassen 1 bis 3,

10.5

Herstellung von Dachgauben und Dacheinschnitten, wobei deren Länge insgesamt nicht mehr als ein Drittel ihrer zugehörigen Gebäudeseitenlänge betragen darf;

11.

Werbeanlagen und Automaten:

11.1

Werbeanlagen mit einer Ansichtsfläche bis zu 1 m2 ,

11.2

Automaten,

11.3

Werbeanlagen an der Stätte der Leistung, die nach ihrem erkennbaren Zweck nur vorübergehend für höchstens zwei Monate angebracht werden, außer im Außenbereich,

11.4

Werbeanlagen in Gewerbe-, Industrie- und vergleichbaren Sondergebieten an der Stätte der Leistung mit einer Höhe bis zu 10,0 m ab Geländeoberfläche sowie Sammelschilder als Hinweis auf ortsansässige gewerbliche Betriebe mit einer Höhe bis zu 10,0 m ab Geländeoberfläche,

11.5

Erneuerung und Austausch der Werbemotive bei Wechselwerbeanlagen,

11.6

Erneuerung und Austausch bestehender Werbeanlagen, wenn Art und Größe nicht verändert werden,

11.7

Werbeanlagen, für die eine Genehmigung nach wegerechtlichen Vorschriften erforderlich ist, außer Werbeanlagen an Fassaden und Baugerüsten;

12.

Vorübergehend aufgestellte oder benutzbare Anlagen:

12.1

Baustelleneinrichtungen einschließlich der Bauschilder, Bauzäune, Lagerhallen, Schutzhallen und Unterkünfte, ausgenommen Schutzdächer, deren Firsthöhe über 25 m Geländeoberfläche liegt,

12.2

Gerüste, wenn es sich dabei um eingeschossige Lehr- und Traggerüste bis zu einer Gerüsthöhe von 5 m oder um Arbeits- und Schutzgerüste handelt, bei denen die oberste Gerüstbühne nicht höher als 25 m über der Geländeoberfläche liegt und die Gerüste von Sachkundigen aufgestellt werden,

12.3

Toilettenwagen und -häuschen,

12.4

Behelfsbauten, die der Landesverteidigung, dem Katastrophenschutz oder der Unfallhilfe dienen,

12.5

bauliche Anlagen, die für höchstens drei Monate auf genehmigtem Messe- und Ausstellungsgelände errichtet werden, ausgenommen Fliegende Bauten,

12.6

Verkaufsstände und andere bauliche Anlagen auf Straßenfesten, Volksfesten und Märkten, ausgenommen Fliegende Bauten,

12.7

Fliegende Bauten mit einer Höhe bis zu 5 m, die nicht dazu bestimmt sind, von Besuchern betreten zu werden,

12.8

Fliegende Bauten mit einer Höhe bis zu 5 m, die für Kinder betrieben werden und eine Geschwindigkeit von höchstens 1 m/s haben,

12.9

Bühnen, die Fliegende Bauten sind, einschließlich Überdachungen und sonstigen Aufbauten mit einer Höhe bis zu 5 m, einer Grundfläche bis zu 100 m2 und einer Fußbodenhöhe bis zu 1,50 m,

12.10

Zelte, die Fliegende Bauten sind, mit einer Grundfläche bis zu 75 m2 ,

12.11

Eingeschossige überdeckte bauliche Anlagen als Fliegende Bauten wie Verkaufs- oder Ausstellungsstände, einschließlich aller Anbauten und Vordächer, mit einer Grundfläche bis zu 75 m2 und einer Höhe bis zu 5 m, auch wenn sie von Besuchern betreten werden;

13.

Plätze:

13.1

Lager- und Abstellplätze, die einem land- oder forstwirtschaftlichen Betrieb oder einem Betrieb der gartenbaulichen Erzeugung dienen, außer im Außenbereich,

13.2

nicht überdachte Stellplätze mit einer Fläche bis zu 50 m2 je zugehörigem Hauptgebäude, außer im Außenbereich, wobei die Fläche von Garagen nach Nummer 1.2 anzurechnen ist,

13.3

Kinderspielplätze;

14.

Container:

14.1

Container für den vorübergehenden Aufenthalt von Personal im Hafengebiet nach § 2 Absatz 2 des Hafenentwicklungsgesetzes in der jeweils geltenden Fassung sowie in festgesetzten Gewerbe- und Industriegebieten,

14.2

Schlaf- und Bürocontainer bis zu einer Stapelhöhe von zwei Containern auf Baustellen,

14.3

ortsfeste Container, die der Lagerung von nicht wassergefährdenden Stoffen dienen,

- im Hafengebiet,

- auf Baustellen,

- auf dafür genehmigten Flächen;

15.

Sonstige Anlagen:

15.1

Fahrradabstellanlagen mit einer Gesamtfläche bis zu 50 m2, außer im Außenbereich,

15.2

Zapfsäulen und Tankautomaten genehmigter Tankstellen,

15.3

Regale mit einer Höhe bis zu 7,50 m Oberkante Lagergut, außer im Außenbereich,

15.4

Grabdenkmale auf Friedhöfen, Feldkreuze, Denkmäler, Skulpturen und sonstige Kunstwerke jeweils mit einer Höhe bis zu 4 m,

15.5

Bedienungs- und Wartungsanlagen einschließlich der zugehörigen Treppen, Leitern, Tritte, Laufstege und Umwehrungen,

15.6

Rohrleitungen und Rohrbrücken bis 10 m Spannweite innerhalb von Industrie- und Gewerbebetrieben, sofern sie nicht über öffentliche Verkehrsflächen führen,

15.7

Verputz baulicher Anlagen, Außenwandanstriche und Anstriche äußerer Bauteile, ausgenommen bildliche Darstellungen,

15.8

Telefonzellen bzw. Telefonstandsäulen,

15.9

andere unbedeutende Anlagen oder untergeordnete Teile von Anlagen wie Markisen, Rollläden, Terrassen, Dacheindeckungen und Dachrinnen, Außenleuchten, Maschinenfundamente, Fahrzeugwaagen, Pergolen, Jägerstände, Wildfütterungsstände, Bienenfreistände, Taubenhäuser, Teppichklopf- und Wäschetrocknungsvorrichtungen im Freien, Sicherheitsvorrichtungen an Dächern und Gebäuden.

II
Änderung der Nutzung

Verfahrensfrei ist die Änderung der Nutzung von Anlagen, wenn

1.

für die neue Nutzung keine anderen öffentlich-rechtlichen Anforderungen als für die bisherige gelten oder

2.

die Errichtung oder Änderung der Anlagen nach Abschnitt I verfahrensfrei wäre.

III
Beseitigung von Anlagen

Verfahrensfrei ist die Beseitigung von

1.

Anlagen nach Abschnitt I,

2.

Gebäuden der Gebäudeklassen 1 und 2, es sei denn, die zu beseitigenden Gebäude der Gebäudeklasse 2 grenzen an Gebäude der Gebäudeklassen 3 bis 5 an,

3.

sonstigen Anlagen, die keine Gebäude sind, mit einer Höhe bis zu 10 m.

Nach der Beseitigung von Gebäuden, für die eine Hausnummer festgesetzt wurde, ist die Bauaufsichtsbehörde zu informieren.

IV
Instandhaltungsarbeiten

Verfahrensfrei sind Instandhaltungsarbeiten.